Politics and Elections in Japan and Europe

日本とヨーロッパの選挙と政治

主要国の選挙制度改革をめぐる議論と実際

河崎 健／編
Ed. Takeshi Kawasaki

Sophia University Press
上智大学出版

はじめに

　選挙制度改革に終わりはあるのか——思えば、日本の衆議院議員選挙制度で長く使用されてきた大選挙区非移譲式単記制（いわゆる中選挙区制）が改正されてから20年余りが経過した。制度が定着して二大政党制が普及しているという当初の予想に反して、現在の日本の政治には、中選挙区制時代の自民党の一党優位制に回帰しているかのような感がある。この間、選挙制度には大きな変更こそないものの、一票の格差の問題は衆参両院ともに未だに継続しているし、選挙関連の汚職も散見する。そして何よりも20年余りしか運用されていない小選挙区比例代表並立制を改正しようという動きも少なからず起きている。選挙をめぐる問題や選挙制度改革の議論は一向に尽きないのである。

　もちろん改革と呼ぶに値する制度改革も遂行されてきた。代表的なものは18歳選挙権の導入であろう。導入後の現状について賛否両論があるものの、有権者が増えることは喜ばしいことに違いない。また一票の格差をめぐって地方高裁が相次いで違憲判決を下したことも以前には見られなかった光景である。

　こうして1994年の改革以降の選挙制度の歴史を振り返れば、少なからずの進歩がある反面、昔と変わらぬ問題点や新たな論点が尽きないといったところだろうか。いったい理想的な選挙制度は存在するのだろうか。

　こう考えて諸外国を見渡すと、選挙制度改革をめぐる論議が活発なのは我が国だけではないことに気づく。我が国と政治制度の類似したヨーロッパ諸国だけでも多くの国で改革の論議が起きており、実際に選挙制度が変更されている国もある。17世紀以来安定した議院内閣制を維持しているイギリスでは、2009年に戦後初の連立政権の誕生後、現在の小選挙区制に代わる新たな選挙制度導入に関して政権内で議論が起きている。1993年に新たな選挙制度を導入したイタリアはその後も幾度か改正を繰り返している。そしてドイツは統一前の西ドイツ時代には理想的な選挙制度をもつと評価されてい

たが、近年は選挙制度に違憲判決が下されるなど、司法も巻き込んだ改革論議が盛んになっている。フランス大統領の任期が変更されたり、欧州議会選挙が事実上、欧州委員会委員長の選択の機会と位置づけられるようになったりしたのもそれほど昔のことではない。

　ヨーロッパの外を見渡しても、アメリカの大統領選挙やトルコの国民投票制をめぐって多くの議論がなされたのは記憶に新しいし、実際に台湾立法院のように日本同様の小選挙区比例代表並立制を導入した国もあり、枚挙に暇がない。

　もっとも選挙制度改革をめぐる論議は多くの国で盛んに行われているが、大きな選挙制度改革はそれほど多くない。識者によれば、民主制国家に限定して1950年から2005年時点までの国政レベルで大きな選挙制度改革が実施されたのは14ケースだけだという（Katz 2005：58）。選挙制度改革の論議は多いものの実際に実現するケースが少ないのは、改革の影響をもっとも受けるのが、改革を実施する当事者である立法権者（国会議員）であるからだろう。選挙制度をめぐる議論がしばしば党派対立につながるのも彼らの利害が深く関わっているためである。そのような中で改革が実施されるのは、当事者である政治エリートの間で何らかの合意が形成されるか、あるいは世論の改革への機運が政治家を動かすほどに高まった場合である。いわば大衆主導かエリート主導かというところであるが、多くの改革はエリート主導で行われるという（Renwick 2011：457）。

　このように実際には実施が困難な選挙制度改革ではあるが、困難であるからこそ議論が白熱することは少なくないし、選挙制度改革の議論を通して、その国の政治の特徴を考えることもできるはずである。

　本書は、2016年12月3日に上智大学で行われたソフィアシンポジウム「日本とヨーロッパ諸国の選挙制度改革」を基に再構成した論文集である。シンポジウムの主催は上智大学ヨーロッパ研究所で、ヨーロッパに関するさまざまな研究やシンポジウム・講演会を行っている。同シンポジウムを開催したのは、日本の選挙制度改革や選挙に関連した日本政治の特徴を分析し、

併せて研究所に馴染みの深いヨーロッパ諸国での議論や実際の改革の動向を通して我が国の状況をより深く、多面的に理解しようという動機がきっかけであった。

そこでシンポジウムでは、第1部で日本政治や日本の選挙制度を専門とする政治学者の方々に、日本の選挙制度に関する実情や問題点をさまざまな観点から分析していただいた。東洋大学名誉教授の加藤秀治郎氏には、日本の選挙制度独特の特徴を歴史的な視点も交えて分析していただいた。氏によれば、日本の特有性はとりわけ選挙区における同士打ちの可能性が高いことにあり、これは政党政治の発達が不十分なところに起因するという。さらに氏はこの点も踏まえて、選挙制度の改革案について議論を進めている。

東京大学教授の川人貞史氏の論考では、衆議院の解散制度と選挙の関係について、世界の議院内閣制、および先進32カ国の戦後内閣のデータ比較を通して分析がなされている。最新の国際比較分析を通して、日本の解散に関する憲法規定や慣行がきわめて特殊であること、首相が解散権を自由に行使できるがゆえに却って任期満了前の解散総選挙が実施されやすいことなどの我が国の特殊性が明らかにされる。

東洋大学講師の林大介氏の論考では、主権者教育の観点から、18歳選挙権導入の効果や課題について論じられる。有権者の拡大は望ましいことではあろう。しかし実際には我が国特有の問題も少なくない。新たに有権者となる若者に対する教育、具体的には模擬授業のあり方や政治的中立性をめぐる現場の苦闘の様が、詳細に考察されている。

つづく第2部では、日本と近い政治制度を採用する西ヨーロッパ諸国のうち、同じ議院内閣制を敷くイギリス、イタリア、ドイツの専門家に、選挙制度改革をめぐる議論の内容の紹介や実際に行われた改革の動向を分析・紹介していただいた。イギリス・ブルネル大学教授のジャスティン・フィッシャー氏には、イギリス・キャメロン政権下で連立与党の保守党と自由民主党の間で交わされた「選択投票制」（AV）などの選挙制度改革導入をめぐる議論と2011年の国民投票の顛末を紹介していただいた。

国立国会図書館主査の芦田淳氏には、イタリアの選挙制度改革について、

歴史的経緯から2015年の改革までを取り上げていただいた。この新法に対する2017年1月違憲判決にも言及されており、まさにイタリアの選挙制度改革が現在も進んでいる様を理解できる。

編者の河崎は、ドイツの選挙制度改革の特徴と改革論の紹介を通して、理想的改革が困難である様を示している。ドイツの選挙制度改革は、何やら選挙技術的な問題だけでは済まないような様相を呈しているのである。

そこで同じドイツに関して、ドイツ・ベルリン・フンボルト大学講師のマーク＝ピエール・メル氏には、ややユニークな視点での論考をお願いした。昨今のヨーロッパの難民問題を念頭に、（移民や難民のような）政治代表を送れない人々を、選挙を通して如何に社会的に統合していくのかという代表制の本質的な課題を、ドイツの新選挙法を通して考えるという、政治哲学的・社会学的論考に仕上がっている。

本書ではこれに加えて、欧州連合（EU）の議会である欧州議会の選挙制度改革をめぐる議論について、シンポジウムの助手でもあった上智大学外国語学部特別研究員の新川匠郎氏に執筆していただいた。ヨーロッパ比較政治を専門とする氏は、EUと主要加盟国での選挙法の変遷や最近の動向を詳細に追っている。さらに新川氏には、フィッシャー氏とメル氏の原稿の翻訳もお願いした。

2016年12月3日のソフィアシンポジウムにて

ご多忙の中、シンポジウムの内容を再構成して新たに原稿を執筆して下さった先生方には、改めて御礼申し上げたい。

　本書をお読みいただいた読者が、日本やヨーロッパ諸国の政治や選挙制度、改革をめぐる議論に関心をもっていただければ、編者として喜ばしい限りである。

　　　　2018 年 4 月

　　　　　　　　　　　　　　　　　　　　　　　河　崎　　健

＜参考文献＞

Katz,S.Richard. 2005. "Why Are There so Many（or So Few）Electoral Reforms?", in: Michael Gallagher/ Paul Mitchell,（ed.）, *The Politics of Electoral Systems*, Oxford Univ. Pr., pp.57-76.

Renwick, Alan. 2011. "Electoral Reform in Europe since 1945", in: *West European Politics*, 34, pp.456-477.

〈目　次〉

はじめに　　　　　　　　　　　　　　　　　　河崎　　健⋯⋯1

第 1 部　日本の選挙制度の特徴と改革をめぐる議論

第 1 章　わが国の選挙制度の課題
──日本的「逸脱」の克服　　　　　　加藤秀治郎⋯⋯11

第 2 章　日本における政権運営と解散・総選挙　　川人　貞史⋯⋯33

第 3 章　18 歳選挙権における課題と可能性
──主権者教育の観点から　　　　　　林　　大介⋯⋯51

第 2 部　西ヨーロッパ主要国と欧州連合の状況

第 4 章　イギリスの選挙制度改革
──2011 年の国民投票とその後　　ジャスティン・フィッシャー⋯⋯77

第 5 章　イタリアの選挙制度改革
──その理念と現状　　　　　　　　　芦田　　淳⋯⋯95

目　次

第 6 章　ドイツ連邦議会選挙制度改革
　　　　——終わりなき論争？　　　　　　　　　河崎　　健……117

第 7 章　ドイツの選挙法改正
　　　　——ヘゲモニー権力の問題からのアプローチ　マーク=ピエール・メル……141

第 8 章　欧州議会の選挙制度改革　　　　　　　　新川　匠郎……153

　執筆者紹介　………………………………………………………175

第 1 部

日本の選挙制度の特徴と改革をめぐる議論

第1章	

わが国の選挙制度の課題
—— 日本的「逸脱」の克服

加藤秀治郎

はじめに

　本稿では、日本の選挙制度の独特な点を明らかにし、それがどんな問題を引き起こしているかを論じる。その上で、改革の方向性を考えてみることとする[1]。

1　選挙制度の類型

　選挙制度に関連する用語には、「日本的」制度を反映した「日本的」用語が少なくなく、それをそのまま用いていると、筆者の考えを正確に伝えられない面がある。そこで、ごく基本的ながら選挙制度の類型から議論を始める。

　欧米では、多数代表制と比例代表制の2つを「理念型」とする類型が圧倒的に多いが、わが国では「少数代表制」という独特の類型を加え、3類型とするものがかなり一般化している。だが、その3類型をそのまま認めていると、日本の制度がどれだけ変則的か、正確に理解できない。また、中選挙区制復活論者などに見られるように、3類型の一つなのだからよいではないか、という議論につながりやすい。類型に数えられていることが正当化につながっている面があるのである[2]。

---

1) 本稿は、基本的にシンポジウムでの報告にそった内容とするが、本稿では与えられた紙幅が比較的恵まれているので、拙著『日本の選挙』（2003年）以降に考えてきた論点につき、幾分なりとも詳しく論じることにした。
2) 加藤秀治郎. 2013. 『日本の統治システムと選挙制度の改革』一藝社, 第11章.

11

第1部　日本の選挙制度の特徴と改革をめぐる議論

　そうである以上、2類型はどういう理念に立っているか、3類型はどこが問題かを明らかにしておく必要がある。そこでまず、多数代表制（小選挙区制とも呼ばれる）と比例代表制につき、理念も含め、簡単に説明する。

（1）多数代表制

　多数代表制とは、小選挙区制に代表される選挙制度だが、民主政治は「多数決の政治」である、とする考えから主張されるものである。また、権力分立で議院内閣制が採用されている場合には、議院内閣制での議会選挙で最も重要なのは政権の樹立である、との観点も強調される。

　英国ではこれを「小選挙区制」と呼びならわしているが、筆者がこれを採用しないのは、わが国での議論の混乱を正すのに不都合だからである。わが国での理解が混乱しているのは、複数定数の選挙区（大選挙区）での選挙制度についてであるが、それを説くには「小選挙区制」ではなく、多数代表制という米国やドイツの類型の名称の方が都合がよい。

　多数代表制というのは、選挙区の多数派の代表を議会に送るという理念であり、その典型が小選挙区制だということである。そして多数代表制の理念からは、複数定数の場合には、定数ぴったりの完全連記制になる。

　だが、単記制を長く用いているわが国では、この点の理解が必ずしも明確ではない。複数定数の大選挙区で制限連記制や単記制を用いると、多数代表制からの「逸脱」型となるが、「小選挙区制─大選挙区制」という用語を使っていると、この点の認識が曖昧となるのである。

　また、多数代表制には、英米のような相対多数代表制と、フランスのような絶対多数代表制とがあるが、ここでは一緒のものとして扱う。

　相対多数代表制は、過半数を必ずしも条件とせず、小選挙区での最多得票者のように相対多数でよいとするものである。

　フランスの絶対多数代表制は過半数（ないしそれに近い状態）を条件とし、決選投票を行うものであり、「二回投票制」とも呼ばれる。同種のものに「選択投票制」（AV）がある。オーストラリアで採用されているものだ

が、投票を二度行う煩雑さを嫌い、一度の投票で予め次善投票（さらには三善投票）を尋ねておくもので、フランス型の二回投票制の変型と考えると理解しやすい。英国で現行小選挙区制に代わる改革案として浮上したことがある（国民投票で採用されないこととなった）。

多数代表制の代表的論者としては、バジョットがいる[3]。その後、経済学者のシュンペーターが、市場での競争とのアナロジーで新しい論拠を提出している[4]。また、哲学者のポパーが、「流血なき政権交代」こそが民主制か否かの基準だという、独自の観点から多数代表制を主張している[5]。政権交代を促す制度としての議論であり、後に見るように「並立制」導入時の議論に立ち返るならば、もっと注目されてよい議論である。

(2) 比例代表制

比例代表制とは、世論を鏡のように議会に反映させることを狙った選挙制度であり、多数決は議会の中で行えばよいとするものである。代表的論者には、J・S・ミルがいる[6]。その後、ケルゼンが多数決原理との関係で独自の比例代表制の主張を展開している[7]。

---

3) W・バジョット．1867．『英国憲政論』（原書は、Bagehot 1867）．選挙制度の当該部分の邦訳は、加藤秀治郎編．1998．『選挙制度の思想と理論』芦書房に所収。
4) 多数代表制では、ドイツでのナチス台頭を許した経験を踏まえて主張された、シュンペーターやポパーの選挙制度論がもっと注目されてよい。シュンペーターは、経済学者らしく、市場メカニズムからの類推で小選挙区制（多数代表制）の利点を巧みに説き直している。政党はメーカーに類似した存在であり、競争での敗北を恐れ、有権者のニーズに対応するとした。政党の意図を離れ、そういう効果がもたらされるとしたもので、比例代表制や中選挙区制・単記制（準比例代表制）の「ぬるま湯」はダメだとする、有力な議論である。
5) K・ポパー．2015．「民主制について」水戸克典ほか編『議会政治』第3版．慈学社出版．ポパーは、民主政治は「流血なしの政権交代」だとし、それが実現する制度こそ、民主制の要請に応えるものだとした。比例代表制では、キャスティング・ヴォートを握る少数派が過剰な影響力を行使しかねないが、これは公正に反するとして、比例代表制論者の意図と結果のズレを重視している。政党は選べても政権を選べないのであり、この点を重視しているのである。
6) J・S・ミル．1861．『代議制統治論』（原書は、Mill 1861）．該当部分の邦訳は、加藤秀治郎編，前掲書（注3）にある。

第 1 部　日本の選挙制度の特徴と改革をめぐる議論

　先に見たように、議院内閣制と多数代表制を関連づける議論があるが、議院内閣制の下で比例代表制を採用する場合、ドイツなどのように阻止条項を設けるとか、プレミアム制を付加して安定性を確保するなどの配慮がなされる場合が多い。わが国でこういう議論が少ないのは、政治制度の全体と選挙制度を関連づけて検討する姿勢が乏しいためと思われる。この点には、後に立ち戻る。

（3）日本的な類型──「少数代表制」

　以上の 2 類型が世界標準の理念型だが、わが国ではその他に「少数代表制」の類型が挙げられることが多い。特に公法学者の文献にそれが目立つ。「少数派も少数なりに代表を送る」というものであり、東京帝大公法学教授の野村淳治の造語と思われる[8]。

　これは日本独自の類型であり、中選挙区制のような制度は外国の文献では類型化されず、「日本的制度」として紹介されてきた程度である。類型として数えられないのは、少数者の代表も議会に送るという趣旨ならば比例代表制を採用すればよい、という考えに立つからであろう（近年では諸外国で、日本の制度についての紹介が進み、単記・非委譲式〔SNTV〕との学術的呼称が定着しつつある）。

　この類型が何よりも問題なのは、理念らしいものが窺えないことである。外国はもちろん、わが国でも、これを説いた代表的論者とされる人物はいない。外国でこのような制度をとらない理由は、少数を代表したいのなら、なぜ比例代表制をとらないか、という反論に尽きている。

　そのことは、「代表されるべき少数」の観念がまったく明確でないことで

7）H・ケルゼン．2015．『民主主義の本質と価値』岩波文庫，第 6 章．その選挙制度論について解説として、雨倉敏廣．2015．「ハンス・ケルゼンの議会民主制論」水戸克典ほか編，前掲書（注 5）がある。

8）少数代表制という類型は、管見の限り、東京帝大の公法学教授・野村淳治に始まるもののようである。野村淳治．1918．「比例代表法（一）」『国家学会雑誌』23 巻 11 号，p.10.

ある。旧中選挙区制で言うと、3人区から5人区まであったが、そのいずれにするかは人口という偶然に委ねられ、顧みられなかった。だが、例えば公明党は3人区もよいとするかもしれないが、共産党は4人区か5人区でないといけないと言うかもしれない。

　さらには、政権の選択という点を論点に加えるなら、偶数区は大きな問題となりかねないのだが、そういう点についても、理念をからめた議論はほとんどなされなかった。大半の選挙区が与党2、野党2という結果になると、たまたまそうでない選挙区が政権の帰趨を決めることになるのだが、それでよいのか、という論点である。

　「少数代表制」の類型とからむ問題に、わが国でよくなされる「小選挙区・中選挙区・大選挙区」という区分がある。筆者はこれをミスリーディングだと考えるので、この区分をとらない。理由は以下の通りである。

　小選挙区制には誤解の余地がないが、「中選挙区制」と「大選挙区制」は二重の意味で問題があるのである。先に少しだけふれたが、ここで詳しく述べておこう。

　問題点の第一は、本来、複数定数の選挙区を大選挙区と一括すべきところを、「中選挙区制」と「大選挙区制」に、恣意的に分けていることである。戦前の内務省の分類が一般化したものだが、それは都道府県を分けるのが「中」で、分けないのが「大」というものであり、それだけである。戦後の旧自治省でもこれが継承されていた。

　第二の問題点がより本質的である。大選挙区で重要なのは、定数ピッタリの数だけ連記させるかどうか、という点にあるのだが、「小・中・大」選挙区という分類では、この点から目をそらせるかのような議論が広まることとなった。例えば、制限連記制は単記制と同様、定数より少ない数しか書かせない「制限投票制」（limited vote）であるが、中選挙区制と大選挙区制に呼び分けていると、両者の間に重要な相違があるかのような錯覚が生じる。この問題には後に別の形で立ち戻る。

第1部　日本の選挙制度の特徴と改革をめぐる議論

2　日本の衆議院の選挙制度の変遷

　前節では基本類型を確認したが、本節では、わが国の選挙制度が基本類型から見て、どう「逸脱」してきたかを検討する。それを認識できないのは「慣れ」や「惰性」のためであり、また日本国内の文献が「少数代表制」を類型に数え、特異性をあまり意識させない書き方になっているためと思われる。

（1）衆議院の選挙制度の変遷

　まず、衆議院の選挙制度の変遷を見ておく。

①　明治22年（1889）小選挙区制
　帝国議会が開かれることとなり、選挙制度が決められたが、最初の選挙法は外国の例にならい、多数代表制の小選挙区制であった。例外的に2人区もあったが、そこでは2名連記となっており、多数代表制からの「逸脱」は見られない。

②　明治33年（1900）大選挙区単記制
　山県有朋内閣によって導入された。後で詳しく述べるように、複数定数の選挙区であるのに単記制という「逸脱」的な日本独特の選挙制度は、ここに始まる。

③　大正8年（1919）小選挙区制
　政党内閣である原敬内閣によって、最初の制度に戻された。しかし、山県の「逸脱的」選挙制度の影響が残り、例外的に設けられた2〜3人区では、連記制ではなく、単記制となっていた。最初の小選挙区制では、例外的な複数定数の選挙区では連記制であったのが、復活した時には多数代表制の原則

16

第 1 章　わが国の選挙制度の課題

が貫かれなくなっていた。日本的運用となっていたのである[9]。

④　大正 14 年（1925）中選挙区単記制

　護憲三派内閣により導入された。大きい府県については選挙区を分け、定数が 3 から 5 とされた。定数 3 とは、3 党連立政権だったことと関連づけて説明されることが多い。「中選挙区制」という呼称のために、この制度が日本的選挙制度とされることが少なくないが、複数定数にもかかわらず単記制であって、「制限投票制」であり、また非移譲式である、という点に注目すると、明治 33 年のものが最初であって重要である。この中選挙区制はその変形と見られるものでしかないのである。

⑤　昭和 20 年（1945）大選挙区制限連記制

　占領下で GHQ から、戦前と別の選挙制度で行うように指示され、それを受けて日本側が導入した制度である。大選挙区で連記制になったということで、新しい制度のように思われるかもしれないが、後述のように、定数より少ない数を書かせる「制限連記制」であり、国際的な基準では「制限投票制」の範疇に収まるものである。この点に着目すれば、大きな改正ではない。一度だけで旧来の制度に戻された。

⑥　昭和 22 年（1947）中選挙区単記制

　吉田内閣が GHQ と交渉して中選挙区制に戻した。以後、これが長く続いた。

⑦　平成 6 年（1994）小選挙区・比例代表「並立制」

　細川政権の下、政治改革の目玉として導入された。300 議席を小選挙区制で、200 議席を比例代表制で選ぶもので、これにより衆議院の選挙制度は曲がりなりにも、国際標準に収まるものとなった。以後、細かな変更はなされ

9）選挙制度七十年記念会編. 1959. 『選挙法の沿革』第一法規出版. p.2, 7.

第1部　日本の選挙制度の特徴と改革をめぐる議論

ているが、基本的にはこの制度である。参議院については改められなかったので、日本独自の部分が残っているが、その点は後でふれる。

(2) 日本の「逸脱」的選挙制度

わが国の「中選挙区制」のような選挙制度が外国に例を見ないことについては、国内の文献にも指摘が多いが、問題が残されている。「中選挙区制」という言葉に引きずられてか、逸脱的な制度のルーツを大正14年（1925）の制度に求めるものが少なくないのである。

しかし、「中選挙区制」が最初の「逸脱」であるわけではなく、明治33年（1900）の大選挙区単記制にそのルーツがある。「大選挙区」であれ「中選挙区」であれ、単記制ならば定数の数だけ書かせない「制限投票制」に違いはないからである。そして、戦後すぐにGHQの圧力で「別の制度」にされたはずの「制限連記制」も、定数の数だけ書かせない点ではやはり「制限投票制」に相違なく、程度の差しかなかったからである。

つまり、独自の「逸脱的」制度は、明治33年の「大選挙区単記制」に始まるのであり、大正14年の「中選挙区単記制」も、昭和20年の「大選挙区制限連記制」もすべて、「逸脱」型のバリエーションにすぎない。だとするならば、明治33年の制度の変更こそ、もっと詳しく検討されねばならないと考えるので、次に少し立ち入ってそれを検討する。

(3) 日本的制度と山県有朋

筆者はこれまで「少数代表制」の導入を、反政党政治の立場である山県有朋の政党攪乱策という位置づけで論じてきた[10]。導入した内閣である山県首相の意図は明確に確認できないものの、周辺の議論を見ると政党攪乱策という推測を側面から裏付けるような記録が残っているからでもあった。例え

10）加藤秀治郎. 2003.『日本の選挙』中央公論新社ほか。

ば「大選挙区単記法と云うものは……政党を撲滅し去るの制度と言わねばならぬ」という、江藤新作議員の衆議院での発言がそうである[11]。

このような説は筆者に限られず、ある程度、共有されていた面があった。その線に沿って外国の研究者にも同じ見解をとる論者があった。例えばラムザイヤー＆ローゼンブルースがそうであり、「政党をできる限り弱体のまま分裂させておく目的で、山縣は……複数人区で、有権者が単記非移譲式投票を行う方法」を導入した、と書いている[12]。

しかし、この見解に対しては、伊藤之雄など政治史学者から批判が出された。「1900年の選挙法改正について……山県が政党の力を弱めるために推進したと、憶測だけで論じている」[13]と。「憶測だけで」という表現には、筆の走る勢いに任せた感があるが、詳しく論じた先行の伊藤之雄論文を読むと、この批判には正当な面がある。筆者も読後に山県の意図を過度に強調するのは誤りだと考えるようになった。当時は、各勢力が投票方法では単記、連記の点で方針が定まっていなかったことが分かるのであり、僅かに「大選挙区単記」が緩やかに「伊藤・山県系に共通する意向」というくらいのことしか言えないのである[14]。

11）『衆議院議事速記録』第15号，707頁（明治33年1月29日）.
12）ラムザイヤー＆ローゼンブルース．2006.『日本政治と合理的選択』勁草書房，pp.62-63.
13）伊藤之雄．1996.「合理的選択モデルと近代日本研究」『レヴァイアサン』19号（1996年秋号）木鐸社，p.149.
14）伊藤之雄．1990.「立憲政友会創立期の議会」内田健三ほか編『日本議会史録』第1巻，第一法規出版，p.265. 山県内閣による法案も、ほぼ同じものが最初、伊藤博文内閣によって提出されており、それが二度の廃案を経て、三度目に提出して山県内閣により成立させられたのであった。主要な焦点も、選挙権をどこまで拡大するか、市部を独立した選挙区とするか否か、などの点にあり、単記―連記という投票方法が主要な争点だったようには思われない。投票方法については、これまでのところ山県の意図をストレートに示す発言や文書が確認されていないので、これ以上、立ち入らない。だが、選挙制度の結果としては、山県のように民党の発展を嫌う者からすると、この大選挙区単記制は（中選挙区単記制も含め）、政党政治の健全な発展を阻害するものだったことは否定しがたい。その後も政界に影響力を持った山県が（原敬の小選挙区制を除けば）一貫してこの制度を廃止せず、存続させたのをどう説明するのか、今後の研究が待たれる。

第1部　日本の選挙制度の特徴と改革をめぐる議論

（4）日本的制度の特徴

　日本の「逸脱的」な選挙制度には、いろいろ特徴を挙げうるが、その最大のものは同士討ちの発生にある。確かに、単記委譲式の比例代表制など、他の制度にもその要素がないわけではないが、「制限投票制」ではこれが本質的な特徴となっている。同じ党の他の候補者に対して排他的になる点が、その最大の特徴である。

　この点に注意を向けてもらうため、補足的な説明をしておこう。そういう制度か否かをチェックする方法としては、補欠選挙の対応を見ればよい、ということである。

　これは衆議院の旧中選挙区制のほか、現在の参議院選挙区選挙、地方議会選挙に部分的に見られる「制限投票制」のすべてに共通して見られる点である。参議院東京選挙区（改選定数6）を例にとるが、補欠選挙があるとするとどうなるか。——2016年改選組は民進2、自民2、公明1、共産1だが、ここで自民の一人が欠員となったとする。他の選挙制度ならどの党も1議席獲得を目指して候補者を立ててよいはずだが、民進、公明、共産は擁立を見送るかもしれない。現職者が次回の選挙での競合を考え、下手に当選されては自分が困るからである。

　このようなことが生じるというのは、政党本位の選挙が徹底しないことを示しており、他の選挙制度では考えられない。また、選挙運動に多額の資金を要し、政治腐敗の主要な原因となっていたことは、多くが指摘するところである。ここでは、これ以上ふれないが、地方選挙制度の改革などで考慮すべき論点であろう。

3　日本の国会と選挙制度

　わが国の選挙制度の議論が混乱しているのは、国会がどんな議会を目指しているのか不明確で、そのためにどんな議員が選ばれるのをよいとするの

か、不鮮明なままに選挙制度が語られていることによる。この点は、ポルスビーの議会の2類型に立ち返って検討しなければならない[15]（表1参照）。

　ポルスビーの2類型は「理念型」的な極概念であり、両者を両極として各国の議会は両者の間にそれぞれ位置づけられる。「変換型（米国）―準変換型（オランダ）―準アリーナ型（ドイツ）―アリーナ型（英国）」という具合である。

表1　2つの議会類型

	「アリーナ議会」 （英国が代表例）	「変換の議会」 （米国が代表例）
権力分立	議院内閣制と親和的	大統領制と親和的
議会類型 （ポルスビー）	内閣・与党の法案を野党が批判する「討論の議会」「アリーナ議会」 争点を明確にすればよい 実際の立法は内閣が担う	議員自ら法案を提出し、修正も多い「立法作業の議会」「変換議会」 国民の要求を法律に「変換」する 実際の立法作業を議員が担う
議会での政党	党議拘束が強い	党議の拘束なし（ないしは弱い）。機能する両院協議会 （ねじれや分割政府でも打開の余地）
両院制・ 一院制	下院の優越がきわめて明確 （実質的に一院制に近い運用）	両院は対等 （一部、機能を異にする）
補助スタッフ	少ない（官僚などが立案に協力）	大量の補助スタッフ

（ポルスビー論文〔注15〕から加藤が作成）

15）N・ポルスビー．2015．「立法府」水戸克典ほか編『議会政治』前掲書（注5），pp.88-177．

第 1 部　日本の選挙制度の特徴と改革をめぐる議論

(1)「変換型」議会

　2 類型の第一は、米国型の変 換 型 議会である。ドイツ語表現の方が日本人には理解しやすい。議員が法案作成や修正の作業を実質的に担う「立法作業の議会」という呼称がそれである。英語で変換型というのは、社会の要望を法律に変換する議会という意味である。議員が独立的に立法作業をする立法府であり、権力分立では大統領制と親和的である。

　わが国でほとんど理解されていないが、この型の議会では多数の補助スタッフが必要であり、それなりにコストがかかるのである。

(2)「アリーナ型」議会

　第二は、英国に代表される「アリーナ型」議会であり、議会は論戦の場だというものである。ドイツ語の表現では、「論戦の議会」と言う。議会は立法府とは言うものの、そこで与党は内閣の法案を通すだけで、野党は論戦を通じ、与党を批判すればよい。現与党ではダメと思えば、国民は次の総選挙で政権交代をすればよく、議会は闘技場だという割り切った考えに立つものである。

　この類型では、立法を具体的に担うのは立法府の議会であるよりも、内閣であり、与党が内閣・行政府を使いこなして、法案を作成し、議会で与党はそれを成立させればよい、との理解である。アリーナ議会は英国に典型的に見られ、議院内閣制と親和的である。

(3) ポルスビーの類型と日本の国会

　わが国の国会はどう考えればよいか。また、どう考えられているか。――わが国での「三権分立」のステレオタイプ的な理解では、議会たる国会は「立法府」と考えられ、立法作業を担う「変換型」議会との考えが受け入れ

22

られやすい。そして、議員が立法作業を担わない「アリーナ型」は、日本語での「立法府」からイメージされるものから遠く、理解されにくい。「三権分立」のイメージでは、三機関がそれぞれ独自に機能を遂行するものとされ、立法を担わない議会は「立法府」ではないように考えられやすいのである。

　だが、米国の文献の多くでは、議院内閣制は立法府と行政府の連携が緊密なので「権力分立」ではない、とされている。そこでは、上のような「三権分立」的な立法府だけが議会なのではない点がよく認識されており、ポルスビーの類型からはその点がよく分かる。

　アリーナ型では法案の修正もまた、あまり議会に期待されていないのだが、これまた日本の感覚とはズレがある。わが国では、法案の修正が高く評価される傾向があると思われるが、その事情は次のようなものと思われる。

　まず、戦前の帝国議会において、「超然内閣」が提出する法案につき、議会による修正や阻止がなされると、民選の議会の意向を反映するものとして、民主的な意味を認める傾向があったためと思われる。また、「55年体制」では、「抵抗野党」の法案阻止などが見られたが、これを「抵抗」として評価するむきがあることもまた、戦前からの惰性ということで、その延長上で理解されよう。しかし、これはアリーナ型での「論戦」をよく理解すると、とても「論戦」とみなして評価することはできないものであった。

　感覚のズレの最大原因は、わが国で戦後長らく政権交代の可能性が乏しかったことにより、「アリーナ型」の存在意義が理解されにくかったため、と思われる。英国など政権交代の可能性ある政党制の下では、事情はまったく別であり、そこではアリーナ型も意義ある議会とされるが、戦後日本ではそうでなかったのである。

　どれだけ自覚的であったかは別に検討しなければならないが、1990年代の政治改革ではアリーナ型議会の方向性に近いものが目指されていたように思われる。「政権交代の可能性」だけでなく、「首相主導」「政治主導」「内閣主導」など、当時の言説に出てきたキーワードからもそれが分かろう。

　この点を重視すると、選挙制度についてもこれまでとは別の視覚からの検

第1部　日本の選挙制度の特徴と改革をめぐる議論

討が必要となってくる。例えば議員の資質として、論戦に向く議員をリク
ルートしやすいのは、どういう制度か、といった検討も可能だ、と思われる
のである。だが、ここではより直截に、「すっきり政権交代ができる選挙制
度」という点を重視しておきたい。衆院総選挙だけで、政権交代が成る形に
するのがよいのではないか、という観点がそれであり、この点を次節で検討
する。

4　衆参関係と選挙制度

（1）憲法における衆参関係と選挙制度の論点

　このように政権交代との関連で考えてくると、国会議員の選挙制度につい
ては、両院を一緒に総合的に考えなければならないのが分かる。だが、わが
国ではほとんどそういう自覚は持たれておらず、せっかく両院制なのだから
ということで、「衆院は小選挙区制一本、参院は比例代表制一本」などとい
う、参議院の「独自性」を求める提案が多くなされるのである[16]。

　憲法改正も射程に入れて議論するなら、論点は異なってくるが、現行の憲
法59条を前提にする場合、その範囲で衆参の選挙制度を考えなければなら
ないのが現実なのである。「ねじれ国会」を経験したことで、多少は以前よ
りも正確な認識がなされるようになったが、充分な認識の広がりがあると
は、とても言えない。

　「衆議院の優越」とは言うものの、憲法59条の規定では、法律案の議決に
ついてだけ衆議院の優越が不明確になっているため、与党が両院で過半数を

---

[16]　わが国での選挙制度の議論が、このように簡単に折衷的な制度の提案に傾きやすいの
　　は、選挙制度の理念を等閑に付しているためと思われる。バジョットの多数代表制や
　　J・S・ミルの比例代表制への言及もほとんど紹介されない。この点では、まだしも戦前
　　の方がよかったと思われる。吉野作造が多数代表制を説き、美濃部達吉が比例代表制
　　を、それぞれ高度な理論でもって主張していたからである。戦後は「各選挙制度には利
　　害得失がある」といった平板な議論ばかりが目立つのである。この点は、加藤秀治郎
　　編．1998．『選挙制度の思想と理論』芦書房を参照。

第 1 章　わが国の選挙制度の課題

維持していないとスムースな国会運営ができないようになっている。だが、その点につき、充分には認識されていないのである。

そのことから、円滑な政権交代はきわめて困難であり、連立政権を組んだり、連立を組み直したりして調整しないことには、「ねじれ国会」で混乱する。

アリーナ型（または準アリーナ型）を目指す改革を考えるとすれば、憲法59条を改正するか、少なくとも国会法改正で両院協議会を機能させるようにする必要がある。59条改正とは、再議決の用件を過半数に引き下げるなどして、衆議院の優越を明確にすることである。

だが、そうしないで現行憲法の下での改革を考えるとすれば、国会法などの法律の改正で、両院協議会を多少なりとも機能しうるようにする必要があるのだが、その点の認識もほとんど見られない[17]。

(2) 現行の衆参関係の下での衆参の選挙制度

選挙制度に戻して検討すると、アリーナ型議会を目指す場合には、衆参の選挙制度が似るのも「やむなし」ということである。この点は、サルトーリが巧みに定式化しており、筆者はそれを繰り返すだけである。

サルトーリは、両院の権限関係が圧倒的に重要だとし、それを念頭に置いて選挙制度を論じなければならない、としている。つまり、一方の議院の優越が明確で、「両院の権限が不均衡であれば、両院の勢力の構成は類似していなくとも構わないが、逆に両院の権限が均等であれば、それだけ両院の勢力の構成では類似性を求め、確保していかなければならない」としている[18]。

---

17) 両院協議会の法律上の規定は、現状では最悪なシステムとなっており、その点をごく簡単に説明するとこうである。国会法89条では、各議院からそれぞれ10人の委員を出すのだが、慣行により各議長が衆院では賛成派から10人、参院では反対派から10人を指名しているので、最初から対決モードで話が進まない。また、国会法92条で、成案の議決には、3分の2以上の多数が必要とされており、これまたハードルが高すぎる。せめて委員は各院で賛否に比例させて選び、成案は過半数で議決できるようにしなければなるまい。

25

第Ⅰ部　日本の選挙制度の特徴と改革をめぐる議論

　両院の権限が対等に近い場合は、両院（衆参）の選挙制度が「異なる多数状況」を生むのは好ましくないのである。現行憲法を前提にするなら、この点の非合理性をなくす手直しが考えられてよいと考える。筆者は、参議院の選挙区選挙の部分の改革により、両院の選挙制度を近づけるというあたりが、最も容易な方法と考えるのである。

5　現行「並立制」の評価

　次節で、現在の選挙制度の改革案を検討する前に、衆議院の小選挙区制・比例代表制「並立制」の評価を少し述べておきたい。何はともあれ、二度の政権交代があったことで、筆者は「政権交代可能な二党制」という目標は達せられたと考えるが、その後の「一強多弱」などという状況から、否定的な評価も出ている。

　仮に否定的な評価をする場合だが、忘れられている論点がある。衆議院の改革の後に予定されていた参議院選挙制度の改革がなされていないことがそれである。筆者はさらに、地方議会選挙制度の改革もまったく手つかずのまま放置されていることを問題にしたい。つまり、「並立制」の評価としては、改革が不徹底なままにあることが重大な問題だと考えるのである。

　サルトーリの議論については、わが国では先の両院制の論点も不思議なほど無視されてきたが、もう一つの選挙制度と政治社会の関連についての鋭い指摘も同様に無視されている。サルトーリは、デュベルジェの法則を検討する中で、「政党制の構造化」という言葉で政治社会における政党の地位を問題にしている[19]。

---

18) Giovannni Sartori. 1997. *Comparative Constitutional Engineering*. 2nd ed., London: Macmillan, p.185.（邦訳：岡澤憲芙監訳．工藤裕子訳．2000．『比較政治学』早稲田大学出版部．該当箇所は p.205．引用の訳文は加藤）

19) サルトーリの議論は前掲の『比較政治学』（注18）でも展開されているが、訳文が生硬で分かりにくいきらいがある。ほぼ同趣旨の論文の邦訳があり、そちらが理解しやすいであろう。G・サルトーリ．2013．「選挙制度の作用」加藤秀治郎ほか編『政治社会学』第5版．一藝社がそれである。簡単には、解説として加藤秀治郎．2015．「ジョバンニ・サルトーリの選挙制度論」水戸克典ほか編『議会政治』前掲書（注5）がある。

選挙制度の作用につき、政治社会の在り方を重視したのは、政治社会学者のロッカンだが、サルトーリはデュベルジェの法則につき、ロッカンの説と接合する形で、こう説いている。多数代表制で二党制になるのは、政党がその政治社会に根を下ろしている英国のような国においてであり、単に多数代表制を採用するだけではそうはならない、としている。

この説をわが国に引き寄せて検討するならば、次のようなことになる。——衆議院だけで「並立制」を導入しても、多数代表制の効果がストレートに現れないだろう、との予測がそれである。そして現にそのようになっている、と思われるのである。

参議院は、選挙区選挙で小選挙区あり、中選挙区ありで、参議院議員はそれぞれ衆議院議員とは別の行動をとりやすい。さらに比例代表区では、非拘束名簿式だということから、組織ごとに選挙態勢を組めばよく、政党としてのまとまりを強めることになっていない。また、地方議会では、無所属で闘うことがきわめて容易である。

このようなことから、政党制の構造化は進まないのである。「並立制」の作用を云々する以前に、改革が中途半端なものに留まっている、ということである。改革は「不徹底」との評価を筆者が下すのは、このような理由からである。

6 現行制度の改革を考える

さて、これまで述べてきたような観点から、最後に、わが国の現行選挙制度の改革につき、その方向性を検討してみたい。問題点の第一は、選挙制度全体を貫く理念が不明確なので、どういう観点から選挙制度をデザインしているのか、窺い知れないことである。それに次ぐ第二の問題点は、衆参の選挙制度のズレであり、その是正が必要だと考えられる。

第1部　日本の選挙制度の特徴と改革をめぐる議論

(1) 選挙制度の非一貫性

　わが国の選挙制度の最大の問題は、どのような統治機構を目指して、選挙制度を創っているのか、不明確なことである。その結果、「選挙制度のデパート」のような状況となっており、地方議会選挙の制度まで視野に入れると、その無原則ぶりは目を覆うばかりである。この点を見直す作業が不可欠であろう。

　選挙制度の基本は、多数代表制か、比例代表制かという二者択一が基本だと考える。だが、その間のいずれかの点を目指すということで、混合型を導入するのも、自覚的なものならば、許容範囲に含めてよい。しかし、衆参の選挙制度だけ見ても、現状はそれからほど遠い[20]。

　まず、衆議院だが、（相対）多数代表制と比例代表制の「並立制」である。これは混合的制度ということで、説明が明確なら、まだしも理解でき

---

[20] この点を言い換えると、「次の二つの極の間のいずれの点を自覚的に目指すか」ということになる。何を目指しているか、無自覚なのと、意識して中間を狙うとか、一方の極に準じるタイプを狙うというのは、まったく違うからである。この点を図示しておくと、次のようになる。

表2　二つの極の間でどこを目指すか？

多数代表制			（純粋な）比例代表制
（完全）	並立制		（全国1区の）
小選挙区制	（現行）	提案された「連用制」	比例代表制
英米			
	旧中選挙区制		ドイツ
	（準比例代表制）		「併用制」（阻止条項）

　衆議院について言うと、「並立制」導入の当初は「激変緩和」の妥協的要素が認識されていた。一本化が本来の筋なのである、との考えが部分的にではあるものの、存在していた。しかし、趣旨の異なる制度である「連用制」が議論で浮上するなど、妥協点を求めるだけの議論が再び多くなっている（連用制はきわめて複雑な制度の構想だが、簡単に言うなら、並立制とドイツ型の「併用制」の間に位置づけられる制度である）。「連用制」であれ何であれ、導入するなら徹底した議論が不可欠なはずである。「連用制」は、比例代表制に近づけるもので、連立政権が常態化する恐れが否定できない。参議院については、現行制度は、衆議院よりは比例代表制の極によっており、「円滑な政権交代」を困難にする役割を演じかねない。

る。しかし、「激変緩和」として導入された経緯を考えると、これまでの経験をどう考えるか、検証がなされてしかるべきである。

現実には、現行制度の見直しとしては、中選挙区制復活などが語られているくらいのもので、議論は低調である[21]。そして、一票の格差が広まる度に、選挙区割りの改正を先延ばしにしているが、これはルールの見直しが検討されてよい。参議院と違って衆議院については選挙区画定審議会があり、勧告を受けるので、多少現実的だが、衆議院のそのルールもまた、国勢調査にこだわるあまり、現実にそぐわない面があるからである[22]。

(2) 参議院の選挙制度の改革

参議院は、衆議院以上に問題が多い。

第一は、先述のように、衆参の選挙制度を近づける必要があるとして、実際にそれを行う場合だが、衆議院の「並立制」により近い制度にし、多数代表制と比例代表制の比率を近づけることが考えられてよい。

第二の問題点は、形の上では、選挙区選挙と比例区選挙の「並立」という点だけを見ると気づかないかもしれないが、実はそれ以上に諸制度を混在させていることである。選挙区選挙が、改選数にかかわらず、単記制で上位から当選としているので、旧中選挙区制に近い実態になっているだけでなく、小選挙区がある分だけ酷いことになっている。(相対)多数代表制と「少数代表制」を無原則に混在させていることであり、その非一貫性は学術的にはまったく説明がつかない。

21）中選挙区制復活案には、筆者は賛成できない。「小選挙区制で議員が小粒になった」などの、議員の感想をもとに主張されているが、根拠は乏しい。まず、同士打ちが復活するが、それで問題ないのか、というのが最大の問題点で、政治腐敗の構造的原因も復活しかねない。外国でこの制度を評価して導入する動きもない。こういうことが語られるくらいなら、下手にいじるよりも小選挙区の○増○減がベターだと考える。

22）スムースな改正実現のため、改正の勧告は総選挙の直後に行うのがよいと考える。国勢調査にこだわると10年に一度ということになり、是正の幅が広がり、改正が困難となる。人口ではなく、有権者数を基準にすれば、何時でも有権者名簿が利用でき、変更が可能である。また、住民基本台帳を基本にしても、くるいはないと言われる。

第1部　日本の選挙制度の特徴と改革をめぐる議論

　そこで、選挙区選挙については、一貫した原理のあるものにする方向性が目指されてよい。基本は、「選挙区選挙は多数代表制である」という位置づけにすることである。その場合、次の表のように整理してみると、どこを改革しなければならないかが、一目瞭然となる。

表3　代表制と選挙区制

	小選挙区（定数1）	大選挙区（定数複数）
多数代表制	英米、日本の衆院参院の小さな県	（完全連記制はここ） （参院の大きな都道府県もここに収める改革が検討されてよい）
比例代表制	———	ドイツなど欧州大陸諸国

　先に述べたことだが、基本は代表制の理念の方である。再確認しておくならば、多数代表制は、「民主制は多数決の政治」だという割り切り方をして、任期中はその時々の多数派に政権を委ねるものである。それに対して、比例代表制は、議会を「世論の鏡、縮図」に近いものとして、民意の反映を図り、多数決は議会の中で行うというものである。

　表3でいうと、選挙区選挙を多数代表制で一貫させることである。その場合、複数改選の選挙区で多数代表制を貫くとなれば、完全連記制で行わなければならない。つまり、都道府県の人口で、改選議員の数を割り振るところまではよいのだが、そこで発生する複数改選の都道府県につき、一貫した扱いにすることである。

　複数改選の選挙区選挙について、選挙区割りをして小選挙区にするのが一案だが、そうしない場合、複数（改選）区での選出方法を完全連記制にする方法が残される。つまり、表3のゴシックの方式で一貫させるのがそれである。

　つまり、2人区は2つに分けるか、2名連記制とする。3人区は3つに分けるか、3名連記制にする、といった具合であり、以下……6人区は6つに分けるか、6名連記制にするということになる[23]。

30

これを改めない場合、旧中選挙区制に近い実態が残り、「準比例代表制」と言われたように、複数改選区では中小政党にも議席獲得の機会があり、小選挙区制を中心とする衆議院とかなり異なる議席比率を結果的にもたらす。2名改選の道府県は、自民党と民主党が議席を分け合ったように、よりストレートにその作用をはたす。改選1の県では激しい競争がなされ、参院選の帰趨を決すると言われているのに、改選2の道府県では実質的に無競争に近くなり、そのような選挙区の有権者は、政権の帰趨を決めることに関与できないことも無視できない。

参議院の比例区選挙については、一言だけふれておく。旧全国区に比べ「移譲式」の比例代表制となって多少の合理性を備えただけのもので、同士討ちの要素が生じること（金がかかる、個人本位など）、有権者の側のデタラメを誘発しかねないこと、など留意しなければならない点がある。ただ、現状は、政党への投票を認めている分だけ、その要素が和らいでいるように思われる。選挙区選挙の改革の方を急ぐ必要があると考える。

むすび

以上、日本の選挙制度の問題点について考え、改革の方向性を提示してきた。選挙制度は重要なものでありながら、地味なテーマであり、わが国の政治風土の中では、後回しにされやすいテーマである。「一票の格差」が拡大して、違憲の疑いという司法判断が下されて、初めて重い腰を上げるという対応が続いている。

そういう中で、理念とは無関係な妥協的、変則的な制度が決まることが最悪のシナリオである。選挙制度の作用が大きいことが認識され、徹底した議論を経て改革がなされることを希望したい。

23）ただ連記制での数が多くなるとデタラメな投票が多くなると言われる。例えば、投票用紙の上位の者ほど得票が増えるということになりやすい、と言われる。「ドンキー・ヴォート」がそれである。東京都は23区と多摩に分けるくらいのことはできるのではないか。

第 1 部　日本の選挙制度の特徴と改革をめぐる議論

＜参考文献＞

雨倉敏廣．2015．「ハンス・ケルゼンの議会民主制論」水戸克典ほか編『議会政治』第 3 版，慈学社出版．

伊藤之雄．1990．「立憲政友会創立期の議会」内田健三ほか編『日本議会史録』第 1 巻，第一法規出版．

伊藤之雄．1996．「合理的選択モデルと近代日本研究」『レヴァイアサン』19 号（1996 年秋号）木鐸社．

加藤秀治郎．2015．「ジョバンニ・サルトーリの選挙制度論」水戸克典ほか編『議会政治』第 3 版，慈学社出版．

加藤秀治郎編．1998．『選挙制度の思想と理論』芦書房．

加藤秀治郎．2003．『日本の選挙』中公新書．

加藤秀治郎．2013．『日本の統治システムと選挙制度の改革』一藝社．

ケルゼン，H．2015．『民主主義の本質と価値』岩波文庫．

サルトーリ，G．2013．「選挙制度の作用」加藤秀治郎ほか編『政治社会学』第 5 版，一藝社．

『衆議院議事速記録』第 15 号，707 頁（明治 33 年 1 月 29 日）．

選挙制度七十年記念会編．1959．『選挙法の沿革』第一法規出版．

野村淳治．1918．「比例代表法（一）」『国家学会雑誌』23 巻 11 号．

ポパー，K．2015．「民主制について」水戸克典ほか編『議会政治』第 3 版，慈学社出版．

ポルスビー，N．2015．「立法府」水戸克典ほか編『議会政治』第 3 版，慈学社出版．

ラムザイヤー，M. & F. ローゼンブルース．2006．『日本政治と合理的選択』勁草書房．

Bagehot, Walter. 1867. *The English Constitution*, London: Paul.

Mill, John Stuart. 1861. *Considerations on Representative Government*, London: Parker, Son, and Bourn.

Sartori, Giovannni. 1997. *Comparative Constitutional Engineering*. 2nd ed., London: Macmillan.［岡澤憲芙監訳，工藤裕子訳．2000．『比較政治学』早稲田大学出版部．］

第2章	日本における政権運営と解散・総選挙

川人　貞史

はじめに

　2012年12月の総選挙後の政権交代により就任した安倍晋三首相が、衆議院議員の4年の任期のちょうど中間となる2014年12月に総選挙を実施し、さらに、2017年10月にも総選挙を実施したように、日本では首相が自由に早期解散を行うことができるとされている。日本の政界では首相の専権事項と考えられている早期の解散権の行使とその結果としての頻繁な解散は、ヨーロッパやオーストラリア、カナダ、ニュージーランドなどの議院内閣制諸国と比較するとどの程度際立っているだろうか。本稿は、日本と上述した議院内閣制諸国の比較政治学的分析を行うことによって日本の制度およびその運営の特徴を分析する[1]。

　本稿の構成は、最初に議院内閣制における政権運営のあり方のバリエーションについて説明し、次に解散の制度のバリエーションについて説明する。その後で、ヨーロッパ28カ国およびオーストラリア、カナダ、日本、ニュージーランドを比較して日本の特徴を明らかにした上で、その理由を簡単に考察する。

1　議院内閣制における政権運営

　議院内閣制の重要な特徴は、首相が議会によって（事実上）選出され、首相が組織する内閣が議会に対して連帯して責任を負うことである。責任を負

---

1) 議院内閣制の諸制度とその運用に関する一般的説明として、川人（2015）を参照。

うことの意味は、内閣が議会の信任を失ったときには総辞職しなければならないということである。議会によって信任されること、あるいは不信任されないことで、首相と内閣が存立する。内閣と議会の信任関係は、議員が国民によって直接選挙されるイギリス庶民院やドイツ連邦議会などの下院だけにあてはまる関係である。したがって、イギリス貴族院やドイツ連邦参議院との間には信任関係はない。日本の場合も、憲法では「内閣は、行政権の行使について、国会に対して連帯し責任を負う」（66条3項）と規定されているが、信任・不信任の決議を行うことができるのは衆議院だけである（69条）。内閣の存立に関する権限を持つのは衆議院のみである。これらに対する例外はイタリアであり、内閣は上院・下院の両院の信任を得る必要がある。そのイタリアでは上院の権限を縮小する憲法改正の国民投票が2016年12月4日に行われたが、賛成多数を得ることができず、改正案は否決された。憲法改正を進めてきたレンツィ内閣は総辞職し、代わってジェンティローニ内閣が成立した。

　信任・不信任の決議案は通常、多数決によって採決が行われる。内閣はいつでも提出されうる信任・不信任の決議案の採決において、つねに議会の多数の支持を得る必要がある。議会と内閣の信任関係は、実質的には、議会内の政党勢力と内閣との関係によって規定される。内閣を構成する政権政党勢力が議会の多数を制している場合には、内閣は揺らがない。たとえ少数派の野党勢力が内閣を倒そうとしても、内閣の存立に影響を及ぼすことはできない。しかし、政権政党勢力が議会の多数を占めていない少数派内閣の場合には、議会の多数派（政権党＋閣外の協力政党）が内閣の存立を許容するかどうかによって内閣の運命が決まる。したがって、内閣の信任とは、議会の多数派が内閣の存立を許容することであり、基本的には内閣を支える政権党の問題であって、少数派の野党は実際には影響力を持たない。

　オランダ生まれの政治学者アレント・レイプハルトは、民主政治の政治制度のルールと運用において、多数主義的かコンセンサス重視かという点で明瞭なパターンと規則性があると主張し、民主政治のマジョリテリアン・モデル（ウェストミンスター・モデル）とコンセンサス・モデルとして対比させ

ている（Lijphart 2012）。彼の理論は、根本的に民主政治とは何かというところからきている。すなわち、民主政治は、国民（あるいは国民の代表）が国民の選好にしたがって行う政治である。そこで、国民の選好が一致せず多様であるときに、根本的な問題は、誰が政府を担当し、誰の選好に対して応答すればよいかということである。1つの回答は、国民の多数派が政府を担当し、国民の多数派の利益に対して応答するということであるが、これがマジョリテリアン・モデルである。これに対して、できる限り多くの国民が政権に参加し、できる限り多くの国民の合意にもとづく政策を追求するのがコンセンサス・モデルである。

　レイプハルトは、マジョリテリアン・モデルとコンセンサス・モデルの制度的特徴をさまざまに記述している。マジョリテリアン・モデルは、単独多数党政権への権力集中、2大政党システム、小選挙区制、内閣優位などの特徴があり、コンセンサス・モデルは、広範な多党連立政権での権力共有、多党システム、比例代表制、行政権と立法権の均衡などの特徴がある。マジョリテリアン・モデルはイギリス、フランス、ギリシャ、日本、カナダ、オーストラリア、ニュージーランドなどが代表的であり、コンセンサス・モデルは、ベルギー、ドイツ、オーストリア、イタリア、北欧のデンマーク、ノルウェー、スウェーデン、フィンランドなどが代表的である。

　マジョリテリアン・モデルとコンセンサス・モデルでは、政権運営のあり方が異なっている。マジョリテリアン・モデルでは、基本的に多数党（連合）が政権を構成し、少数派野党は反対派に徹し、将来の政権交代をめざす。多数党政権は、野党の助けを一切借りずに自分たちだけで政権を運営し、予算や法律を多数党だけの賛成多数で成立させることができる。多数党の地位は総選挙結果で決まり、次の総選挙まで政権党は変わらない。首相は、議会議員の任期を念頭に政権を運営し、早期の解散も検討する。首相は同時に政権党の党首でもあるので、その地位をねらう党内の有力議員に気をつけながら政権運営していく。日本についてみれば、日本は戦後一貫してマジョリテリアン・モデルの民主政治を行ってきた。戦後のほとんどの期間において多数党（連合）が政権を構成しており、野党勢力は政権から排除され

第1部　日本の選挙制度の特徴と改革をめぐる議論

てきた。予算や重要法案では与野党対立が基調であり与野党協調はほとんど見られないのである[2]。

　これに対して、コンセンサス・モデルでは、通常、単独多数党は存在せず、政党連合が政権を構成する。連立政権は議会の過半数を確保するときもあれば、過半数に届かない少数派政権であるときもある。内閣の存立にとって必要なことは多数の支持によって信任されるか、あるいは不信任が否決されることであるが、少数派政権でも存立できるのは、閣外の政党が、内閣が倒れることを望まないからである。コンセンサス・モデルでは、与野党対立よりも与野党協調が重要である。政府の提出する予算や法律案に対して、閣外の政党が積極的に修正提案を行い、交渉によってできるだけ多くの政党の合意を得て、全会一致に近い形で成立させる。コンセンサス・モデルでは、総選挙後にいくつかの政党が政権合意を結んで首相を選出し連立内閣を組織した後も、議員任期の途中で政党が離脱したり参入したりする連立の組み替えが起きることもあり、そのときに支持勢力が過半数を割って総辞職したり、連立交渉の過程で首相が交代したりすることもある。また、交渉が長引いて次の首相がなかなか決まらないこともある。そのときには、行き詰まりを打開するために早期解散・総選挙が行われることもある。

---

2) レイプハルトは必ずしも日本をマジョリテリアン・モデルとして分類しておらず、10個の制度的変数にもとづく分析では、コンセンサス・モデルよりに位置づけている。この理由は、レイプハルトが用いたマジョリテリアン・モデルの制度的変数が、日本の特徴を必ずしも適切に捉えていないからである。たとえば、内閣優位を示す変数として政権存続期間（年）を用いているが、その際、政権の政党構成が変化しない限り、総選挙を経ても、首相が代わっても、同一政権とみなして計算しているため、自民党がいくつかの小政党と連立した日本では比較的短くなっている。また、それによって、単独政党による最小勝利内閣期間比率を示す変数も小さくなっている。そして、中選挙区制の非比例性指標が小選挙区制と比較すると小さいことなどによって、日本はコンセンサス・モデルの諸国の近くに位置づけられる。本文で述べたように、民主政治の政治制度のルールと運用においては、日本は明らかに多数派が政府を担当し多数派の選好に応答するマジョリテリアン・モデルの特徴を示しており、コンセンサス・モデルに見られる与野党協調の政権運営や政策決定はほとんど見られない。

36

2 解散の制度

　次に、議院内閣制における解散の制度について考えていきたい。ここでは任期満了およびそれに近い解散は除外する。

　まず、日本では、衆議院の信任を失った内閣が10日以内に総辞職か解散を選択する場合（憲法69条）、および天皇の国事行為として衆議院を解散する場合（7条3号）が規定されている。戦後初期には内閣の解散権をめぐる論争があり、解散権は69条のみにもとづかなければならないとする限定説と、7条によって内閣が助言と承認により天皇の国事行為として無制約的に解散権を持つとする説があるが、後者が通説・先例となっている。天皇は一切の国政に関する権能を持たない（4条1項）ので、内閣の、首相の意のままに自由に解散できることになる。こうして、内閣に対する信任が問題になる場合の解散および内閣に信任がある場合の早期解散が存在する。

　世界の議院内閣制諸国について見ると、同様に上記の2種類の解散の制度が存在するが、そのあり方は必ずしも日本と同じではない。表1は各国によって異なる解散の制度をまとめたものである。解散の制度を議会の内閣に対する信任の有無に分けて整理した。あわせて、信任問題と無関係に解散が行われる制度として、憲法改正手続の中で自動的に解散が実施される場合、また、議会が多数決、3分の2以上、あるいは5分の3以上の多数により解散を決議する制度についてもまとめてある。

　まず、内閣に信任がある場合とは、日本でいえば、7条によって内閣が助言と承認により天皇の国事行為として解散する場合である。ヨーロッパ諸国では一般に、解散規定の多くは、元首である国王や大統領の権限である。そして、時の内閣や首相が元首に提案して解散令状を発出する手順になっている。天皇の国事行為としての解散も内閣の助言と承認によるものであるから、これら諸国とよく似ているといえる。

　このうち、首相・内閣がほとんど制限なく自由に解散できるのは、スペイン、スウェーデン、日本、デンマーク、ニュージーランドであり、元首の

第 1 部　日本の選挙制度の特徴と改革をめぐる議論

表 1　各国における解散の制度

議会の内閣に対する信任	解散の制度	該当する国
信任がある場合	首相・内閣が自由に解散	スペイン、スウェーデン、日本、デンマーク、ニュージーランド
	元首の同意が必要	オーストリア、フィンランド、ギリシャ、アイルランド、ルクセンブルク、ポルトガル、オランダ、カナダ、オーストラリア、2011 年までのイギリス
	元首が解散	アイスランド、フランス、イタリア
	解散できない、規定がない	ノルウェー、ドイツ、ベルギー、チェコ、ハンガリー、ポーランド、イギリス
信任がない（問われている）場合	総辞職か解散を選択	日本、オーストラリア、カナダ、デンマーク、オランダ、スウェーデン、2011 年までのイギリス、アイルランド [3]
	総辞職（ケアテイカー内閣）し、後継内閣を選出できないとき、解散	ニュージーランド、オーストリア、フィンランド、ギリシャ、アイスランド、ルクセンブルク、ポルトガル、イギリス、チェコ、ハンガリー、フランス、イタリア [4]
	建設的不信任決議制度	ドイツ、ベルギー、スペイン、ポーランド
憲法改正時の自動的解散		ベルギー、デンマーク、アイスランド、ルクセンブルク [5]、オランダ、スペイン、スウェーデン
議会の自主的解散		イギリス（総議員の 3 分の 2 の多数）、チェコ（総議員の 5 分の 3 の多数）、ポーランド（総議員の 3 分の 2 の多数）、ハンガリー（多数）

出典：川人（2015）および各国憲法規定。

---

3) アイルランドでは、総辞職するか大統領に解散を要請するかを選択するが、大統領は信任を失った内閣の解散要請を拒否することが可能である。
4) フランスとイタリアでは、不信任された内閣は総辞職する以外に選択肢はない。その後、解散が実施されるかどうかは解散権を持つ大統領次第である。
5) ルクセンブルクは、2009 年の憲法改正で、憲法改正手続における解散を廃止し、代わりに議会で少なくとも 3 カ月の間隔をあけて 3 分の 2 の多数で可決されるか、あるいは、一度目の可決後 2 カ月以内にレファレンダムの要求がなされ、投票の過半数によって改正される（ルクセンブルク憲法 114 条）。

（多くの場合形式的な）同意が必要とされるのは、オーストリア、フィンランド、ギリシャ、アイルランド、ルクセンブルク、ポルトガル、オランダ、カナダ、オーストラリア、2011年までのイギリスである。イギリスは、2011年の固定任期議会法で解散権を廃止したため、首相は解散できなくなった。

　これらの国々では、首相・内閣は制度上自由に早期解散することが可能であるが、政治的には制約されている。内閣が政党の連立によって構成される場合には、連立与党の意見も聞く必要があり、閣内でまとまらないと、解散できない。また、首相・内閣は、形式的に同意する元首に対しても早期解散の理由を説明する必要がある。

　次に、議会の解散権を元首である大統領が単独で行使するのは、アイスランド、フランス、イタリアである。政権を担当する首相・内閣は解散を要請することはできるが、大統領はそれに応えるか拒否するかを決定する。

　信任がある場合において、首相・内閣が議会を解散できないのは、そもそも議会解散規定のないノルウェー、建設的不信任決議制度のあるドイツ、ベルギー、ポーランド、およびチェコ、ハンガリー、イギリスである。これらの国では自由な早期解散はできない。

　イギリスは2017年6月に総選挙を実施したが、テリーザ・メイ首相には庶民院の解散権がない。そこで、メイ首相は固定任期議会法に規定された庶民院の自主的解散を求めた。すなわち、メイ首相が総選挙実施の希望を表明し、それを受けて、庶民院で早期総選挙の動議が審議され、保守党だけでなく野党の労働党なども賛成することにより総議員の3分の2の多数で動議が可決されたということである。

　議会の内閣に対する信任がない場合、あるいは不信任決議案が提出されて問われている場合には、事情は異なっている。日本の憲法規定にあるように不信任決議に対して内閣が解散権を行使できるのは、日本、オーストラリア、カナダ、デンマーク、オランダ、スウェーデン、2011年までのイギリス、アイルランドである。日本では憲法69条で規定されている不信任決議に対して総辞職か解散を選択することのできる制度は、議院内閣制諸国の中

でかなり例外的であることがわかる。これらの国々は、信任のある内閣の下で比較的自由に解散権を行使できる国々とだいたい重なっている。ただし、これらの国で現実に不信任決議が成立することはきわめてまれである。

多くの議院内閣制諸国においては、内閣に対する信任が問われる場合には、内閣の解散権は制限されたり、行使できなかったりする。スペインでは、信任がある首相が行う解散の提案にもとづいて国王が解散を宣言するが、不信任動議が提出された場合には提案できないと規定されている（スペイン憲法115条2項）。ニュージーランドでは、信任のある首相は総督に解散を助言することができるが、信任のない首相は、次の内閣が成立したときに辞任するまでケアテイカーとしてとどまり、他の政党と協議して議会内で問題を決着させない限り、解散を助言することができない（Cabinet Office 2008）。

信任を問われている内閣の解散権が制約される国々は、大きく2種類の制度に分かれる。まず、ニュージーランドのように、信任を失った内閣は総辞職するまではケアテイカー内閣としてとどまり、次の首相や連立の枠組みをめぐって政党間交渉が行われる。そして、後継内閣が選出できないときには、事態を打開するために各国の解散権の規定にしたがって議会が解散され、新たに議会が召集されたときに新内閣が組織されることになる。こうした制度があるのは、ニュージーランド、オーストリア、フィンランド、ギリシャ、アイスランド、ルクセンブルク、ポルトガル、イギリス、ハンガリー、チェコ、フランス、イタリアである。

イギリスでは2011年の固定任期議会法によりこの制度となった。この法律により、（a）総選挙は基本的に5年ごとの5月第1木曜日に実施され、（b）早期の議会総選挙は、庶民院議員総数の3分の2以上の多数で早期総選挙の動議が可決したとき、あるいは、内閣不信任決議案可決後14日以内に新内閣信任決議案が可決しないときに実施される。

もう1つは、建設的不信任決議の制度である。この制度をとる国では、不信任決議の成立は議会の解散をもたらさない。この制度では、現内閣や現首相に対する不信任決議案は後継首相候補名を含む必要があり、現政権に対する不信任の成立はそのまま後継首相の選出をもたらす。この制度があるの

は、ドイツ、ベルギー、スペイン、ポーランドである。建設的不信任決議の制度は、現内閣を倒すためには次の首相を選出する必要があるため、内閣の存続を保証する機能を持つ。しかし、解散がまったくできないわけではなく、政府信任決議案が否決されたとき（ドイツ）、議会が政府不信任決議案を可決しても後継首相を提案しないとき（ベルギー）、後継首相が議会の信任を得られないとき（スペイン、ポーランド）などに、元首による解散が可能である。

　以上、議院内閣制諸国の解散の制度について見てきたが、解散が行われるのは、信任のある内閣が行う早期解散と、信任を失った内閣の後継内閣がなかなか決まらないなどの政治的行き詰まりを打開するための解散とがほとんどである。こうした中では、不信任決議に対する解散という日本の憲法規定自体がまれな制度であり、また、首相が専権事項として自由に解散権を行使する慣行もきわめてまれである。

3　総選挙と首相の在任期間の比較政治的分析

　次に、戦後全期間におけるヨーロッパの 28 カ国およびオーストラリア、カナダ、日本、ニュージーランドの内閣データを用いて、総選挙と内閣について簡単な比較政治的分析をして、日本の特徴を明らかにしたい[6]。

　まず、次の図 1 は、各国でどのくらいの間隔で総選挙が行われているかを分析した結果である。横軸に議会議員の任期を 3 年、4 年、5 年ととり、縦軸に各国の総選挙までの平均年数をプロットした[7]。議員任期が 4 年の国々

6）分析には、第 2 次世界大戦後のヨーロッパ 29 カ国の内閣レベル・データを収集した The European Representative Democracy（ERD）Release 3.0（Andersson et al. 2014）に、オーストラリア、カナダ、日本、ニュージーランドの内閣レベル・データを追加・統合して作成したデータセットを用いた。追加データについては、勝又裕斗氏の作成したデータを修正し、最近の内閣データを追加した。同氏にデータ提供を感謝したい。

7）オーストリアは 2008 年にそれまでの任期 4 年を任期 5 年に変更したが、ここでは任期 4 年に分類した。また、スウェーデンは 1970 - 94 年には任期 3 年だった期間を除いて任期 4 年であるので、任期 4 年に分類した。また、各国の総選挙期日に関する規定はさまざまであり、任期満了の総選挙が必ずしも議員任期と一致するとは限らない。たとえ

第 1 部　日本の選挙制度の特徴と改革をめぐる議論

図 1　次の総選挙までの平均期間（年）

では、解散制度のないノルウェー、解散したことのないハンガリー、リトアニアがほぼ 4 年であり、ドイツも 3.77 年で解散がほとんどない。多くの国々は 3 年を過ぎると早期解散することが多いようである。もっとも頻繁に解散する国として、デンマークは平均 2.64 年、次いで日本は平均 2.82 年、ギリシャは平均 2.9 年で早期解散が行われる。次に議員任期 5 年の国々では、平均 4 年を過ぎた後で解散する国もあるが、アイルランド、イタリア、イギリスは平均 3 年半以上経過してから早期解散するようである。カナダは平均 3.2 年で早期解散しており、もっとも頻繁である。議員任期 3 年の国々では、ニュージーランドが 2.95 年であり、ほとんど解散しないが、オーストラリアは 2.58 年であり、頻繁に解散する方である。この図のそれぞれの議員任期の下方にある国々では、上述した解散の制度において、首相・内閣が

ば、カナダ連邦下院議員の任期は 5 年であるが、選挙法では前回総選挙年から 4 年後の 10 月第 3 月曜日と規定されている。2015 年総選挙はこの規定が初めて適用された総選挙であり、議員は 2011 年 5 月から 4 年 5 カ月在任した。オランダでは、議員任期は 4 年と規定されているが、解散された場合には、5 年を超えない期間とされている。解散がない時には、総選挙は 4 年を過ぎた後の 3 月あるいは 5 月に実施される。2012 年 9 月総選挙の次の総選挙は 2017 年 3 月に実施され、議員は 4 年 6 カ月在任した。

第 2 章　日本における政権運営と解散・総選挙

図 2　首相の平均在任期間

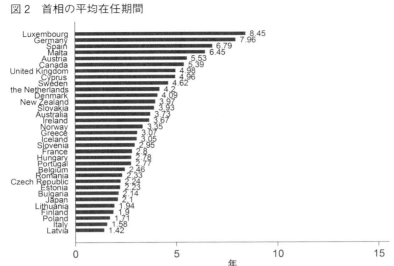

ほとんど制約なしに、自由に早期解散する権限を持っている。首相が自由な解散権を持つと、早期解散して総選挙が頻繁になる傾向があることがわかる。

図 2 は、国別に、首相が内閣を組織してから、連立の組替えや総選挙での勝利などを繰り返して退陣するまでの期間を調べたものである[8]。32 カ国全体では、戦後を通じて平均して 3.24 年、すなわち 3 年 3 カ月で首相が交代している。戦後長期にわたって民主政治が安定している国の中では、ルクセンブルク、ドイツ、オーストリア、カナダ、イギリスの順に 1 人の首相が平均 5 年近くかそれ以上続けて在任する。他方で、同じように戦後安定した民主政治の国であるにもかかわらず、日本の首相の在任期間は平均 2.1 年であり、2 年 1 カ月余で交代する短命さが目立つ。日本より短いのはフィンランドの 1.9 年とイタリアの 1.58 年くらいである。

---

[8] 政権の存続期間の分析には、政権を構成する政党の組み合わせの変化のみに注目して政権をカウントする方法（Lijphart 2012）および、さらに首相の交代、総選挙にも注目して、新しい内閣としてカウントする方法（Müller, Bergman, and Strøm 2008）が用いられている。本稿が用いているデータセットは後者の方法によって作成されているが、ここでの分析では、首相の交代のみを新しい内閣としてカウントする方法を用いることにより、日本の特徴を浮き彫りにできると考えている。

第1部　日本の選挙制度の特徴と改革をめぐる議論

図3　首相の平均在任期間（1980年以降）

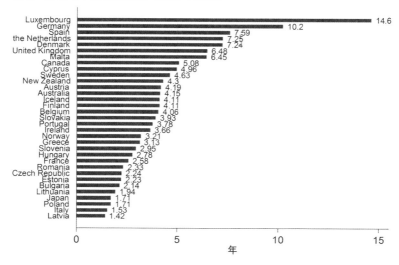

　図3は、同じく首相の平均在任期間を1980年以降だけについて見たものであるが、首相の在任期間において上位のルクセンブルク、ドイツの平均首相在任期間が10年を超え、イギリスの首相在任期間も6.48年と伸びており、オランダ、デンマークなども首相の平均在任期間が7年以上になっているのに対して、日本は1.71年、1年8カ月余とさらに短くなり、他の安定した民主政治の国と比べると、イタリアの1.53年に次いで首相・内閣が短命であることが確認できる。

　次の表2は、首相が総選挙をどう乗り切り、どんな形で退陣したかを国別に見たものである。分析用のデータセットは、内閣を、総選挙、首相の交代による内閣退陣、連立の組替えという3種類の終了イベントによって区切って作成したものである。総選挙があるとその時点で内閣が終了するが、次の内閣が同じ首相であれば、首相が総選挙で勝利して続投したことを意味し、違う首相であれば、総選挙で敗北して退陣したことを意味する。また、首相の交代による内閣の退陣は、総選挙以外の時期に首相が交代したことによって内閣が終了したことを意味し、連立の組替えは、総選挙以外の時期に同じ首相が連立政党の組替えを行って続投したということである。

第 2 章　日本における政権運営と解散・総選挙

表 2　各国首相の総選挙結果と政権運営

国	総選挙勝利続投	総選挙で退陣	内閣連立組替え	内閣退陣	計	総選挙勝率
Japan	19	5	3	27	54	79%
Germany	13	4	7	5	29	76%
Australia	20	8	1	11	40	71%
Denmark	17	8	2	8	35	68%
France	8	4	2	15	29	67%
Luxembourg	10	5	1	3	19	67%
Canada	14	8	0	6	28	64%
New Zealand	14	9	2	8	33	61%
Sweden	12	8	3	6	29	60%
Austria	12	8	1	4	25	60%
Spain	6	4	0	1	11	60%
United Kingdom	10	7	0	7	24	59%
Norway	9	8	1	12	30	53%
Malta	3	3	0	1	7	50%
Iceland	9	12	1	10	32	43%
Portugal	5	7	2	5	19	42%
Netherlands	8	12	5	3	28	40%
Ireland	7	11	0	7	25	39%
Greece	4	7	0	4	15	36%
Belgium	7	13	8	12	40	35%
Latvia	2	4	5	8	19	33%
Slovenia	2	4	3	3	12	33%
Finland	4	14	6	26	50	22%
Lithuania	1	4	1	6	12	20%
Czech Republic	1	4	1	5	11	20%
Estonia	1	4	3	4	12	20%
Hungary	1	4	1	4	10	20%
Italy	3	13	14	25	55	19%
Slovakia	1	5	3	1	10	17%
Poland	0	6	5	5	16	0%
Romania	0	5	8	4	17	0%
Bulgaria	0	7	0	3	10	0%
Total	223	225	89	249	786	

第 1 部　日本の選挙制度の特徴と改革をめぐる議論

　表は、総選挙の結果、現首相が勝利続投した比率（総選挙勝率）の高い順に並べて示している。日本の首相は 19 勝 5 敗で総選挙勝率が 79％でトップである。総選挙で首相が退陣した 5 回のうち 3 回は 1990 年以降の政権交代（1993 年の自民から連立 7 党へ、2009 年の自民・公明から民主党中心へ、2012 年の民主党中心から自民・公明へ）によるものである。日本、ドイツ、オーストラリア、デンマーク、フランス、ルクセンブルク、カナダ、ニュージーランドという順に現政権が勝つ比率が高いことがわかる。マジョリテリアン・モデル、コンセンサス・モデル両方の安定した民主政治諸国で現政権が勝利しやすい傾向があるといえよう。

　これに対して、現政権が敗北しやすい国々について見ると、イタリア、フィンランド、ベルギーなどは、比例代表制の選挙制度によって連立政権が多いコンセンサス・モデルの諸国である。また、新興民主政治諸国（ギリシャ、旧東欧）も現政権が敗北しやすいといえよう。

　次に、表 2 のうち、総選挙時以外における内閣の連立組替えおよび内閣退陣について見ると、まず、連立組替えは各国とも多くない。その中ではイタリアが 14 回と目立っている。総選挙時以外の時期において、連立の組替えが成功することは少なく、むしろ、内閣退陣となる場合が多いようである。そして、内閣退陣は、日本が 27 回あってもっとも多く、次いで、フィンランドが 26 回、イタリアが 25 回ある。フィンランドとイタリアは、総選挙での現政権の敗北もそれぞれ 14 回、13 回と多い。したがって、両国では、政権が不安定であり、総選挙のときでもそれ以外でも首相の交代が起きやすいということである。しかし、日本は、総選挙では現政権が勝つことがきわめて多く、総選挙のとき以外に首相の交代が圧倒的に多いことが際立っている。しかも、日本の首相の交代は、政権党の交代をともなうことがほとんどなく、政権党内で首相のたらい回しが行われている点が、他の国と大きく異なる。こうして、首相は総選挙では強いがそれ以外のときに頻繁に退陣する結果として、図 2 や図 3 で見たとおり日本の首相の在任期間がきわめて短くなっているということである。

　以上の分析をまとめると、日本の首相・内閣は短期間で頻繁に解散し、総

46

選挙ではあまり負けないが、近年には政権交代が起こっている。また、首相の在任期間も安定した議院内閣制諸国の中ではきわめて短い。そして、その理由は、総選挙時以外において同じ政権党での首相の交代がきわめて多いためであるということである。

なぜ、日本の首相は頻繁に解散権を行使するが、長く在任することができないのだろうか。日本の首相が長期の展望を持てない主な制度的理由について、ここでは簡単に4点について、指摘しておきたい（川人 2015）。

第1に、日本の首相は解散権を自由に行使できるため、かえって衆議院議員の4年の任期満了まで解散せずに政権担当することを当然とは考えていない。こうして、総選挙を乗り切ることはできるが、その後でつまずくことが多いということである。

首相の在任期間を短くしている第2の要因は、自民党、民主党（民進党）など主要政党の党首の任期が3年であり、自民党は3選を禁止していたことである。党首選は衆議院議員の任期中に必ず実施されることになり、党首選で敗れると首相も辞任することになる。また、首相が何らかの理由で辞任すると党首も辞任するために党首選が行われるが、後任首相となる後任党首の任期は残任期間となるので、党首選が頻繁になる。

第3に、3年ごとの参議院議員選挙も衆議院議員の任期中に必ず実施される。そこで政権党の選挙結果が悪いと首相の責任が問われる。参議院で政権党の議席が過半数を割ると衆参で多数派が異なるねじれ国会になり、首相たちは、責任をとって辞任したり、ねじれ国会を苦にして退陣したりした。しかし、これは問題を次の首相に丸投げしただけであり、首相の交代によってねじれ状況と国会運営の困難が改善されるわけではない。

第4に、マス・メディアや政治評論家たちが、比較的短期間の政局の変化、たとえば半年ごとの政局を期待しており、毎月の内閣支持率の動向や国会運営や、地方選挙の結果、景気状況などすべてを、首相の政治的責任と結びつけて議論しがちであることである。こうして、日本政治における常識は、首相と内閣の任期が衆議院の任期よりもかなり短いということである。

第 1 部　日本の選挙制度の特徴と改革をめぐる議論

おわりに

　本稿では、世界の議院内閣制諸国と比較して、日本では首相の例外的に自由な解散権がデンマークに次いで頻繁に行使されていること、総選挙での勝率がもっとも高く首相が退陣に追い込まれることがもっともまれであること、それにもかかわらず、総選挙以外の時期における退陣がもっとも多いため、近年における首相の平均在任期間は安定した議院内閣制諸国の中で 2 番目に短いことを示した。

　そして、日本の首相が長期的展望を持てない制度的理由として、自由な解散権、2 期 6 年までの党首任期、参院選、短期間の政局変化を期待するマス・メディアのマインドセットを指摘した。

　日本の首相がより長期的な展望を持って政権を担当することができるようになるためには、日本に特有のこれらの制度が変化する必要がある。それに関連するいくつかの点を指摘して本稿をとじたい。

　第 1 に、自民党は、2017 年 3 月の党大会で、総裁の任期を「連続 2 期 6 年」から「連続 3 期 9 年」とする党則改正案を満場一致で了承した。この改正は、短期的には現総裁である安倍首相が総裁任期制限によって 2018 年 9 月に退陣しなくてもよくする目的があるが、一般的には有権者の高い支持を得ている首相がより長期的な展望を持って政権運営にあたることを可能にすると考えられる。他方で、不人気な首相は政権党内の挑戦者によって党首選での再選を脅かされるので、この制度改正は必ずしもすべての首相の在任期間を長くすることを保証するわけではない。

　第 2 に、上述したイギリスの 2011 年固定任期議会法の制定によって、首相が庶民院を解散する権限が廃止されたことも、日本の首相の自由な解散権のあり方を考える上で参考になると思われる。日本では、首相は、伝家の宝刀といわれる解散権をもっとも有利な時期に行使しようとするが、つねに有利な結果をもたらすとは限らない。たとえば、民主党政権期の 2012 年に当時の野田佳彦首相は、解散を要求した野党の自民党に対して、社会保障と税の一体改革の 3 党合意と引き替えに早期解散を約束し、その結果、民主党が惨敗して政権から転落した。首相の自由な解散権がなければ、こうした政治

的展開はありえなかった。首相の強力な解散権が、弱体な政権にとっては有効な手段とはならないことを示す例であり、むしろ、首相が自ら解散権を封じることで政治的に有利になることもありうるのである。解散権の廃止には憲法改正が必要であるが、改正しなくても、単に、首相自身が衆議院議員の任期満了まで解散しないと宣言するだけでも、その政治的効果はあると思われる。それによって、首相・内閣の交代は原則として4年に一度の総選挙のときだけになるかもしれない。

　第3に、参議院選挙やねじれ国会を理由とする首相の辞任も、政治状況の改善が見込めないため、次の首相に困難を丸投げするだけなので、政権党内の結束がはかれる限り、必要ないのではないかと考えられる。

　第4に、マス・メディアが半年ごとの政局の変化を期待することをやめれば、全体として日本の政治は変わっていくことになると思われる。

　もちろん、このように制度改正を進めることにコンセンサスが得られるかどうかはわからない。現在のあり方のままが好ましいと考える人も多いかもしれない。現状を誰がどのように変えたいかということは、また、政治的な問題であり、多数によって押し切るか、コンセンサスをめざすかによっても、異なる結果になると思われる。本稿は、日本の議院内閣制の運営のあり方が議院内閣制諸国と比較して際立っている点を明確に示し、それをもたらす制度のあり方を考える際に参考となる素材を提供した。日本の議院内閣制の制度および運用に関する議論にわずかなりとも貢献できれば幸いである。

＜参考文献＞
川人貞史. 2015. 『議院内閣制』（シリーズ日本の政治1）東京大学出版会.
Andersson, Staffan, Bergman, Torbjörn, and Ersson, Svante. 2014. "The European Representative Democracy Data Archive, Release 3." Main sponsor: Riksbankens Jubileumsfond（In2007-0149:1-E）.［www.erdda.se］
Cabinet Office, Department of the Prime Minister and Cabinet. 2008. *Cabinet Manual*. Wellington, New Zealand.
Lijphart, Arend. 2012. *Patterns of Democracy*, 2nd ed. New Haven & London: Yale University Press.［粕谷祐子・菊池啓一訳. 2014. 『民主主義対民主主

義：多数決型とコンセンサス型の 36 カ国比較研究［原著第 2 版］』勁草書房］

Müller, Wolfgang C., Torbjörn Bergman, and Kaare Strøm. 2008. "Coalition Theory and Cabinet Governance: An Introduction." In *Cabinets and Coalition Bargaining*, eds. Kaare Strøm, Wolfgang C. Müller, and Torbjörn Bergman. Oxford: Oxford University Press, 1-50.

第3章	18歳選挙権における課題と可能性

18歳選挙権における課題と可能性
——主権者教育の観点から

林　大介

はじめに

　2016年6月から、70年ぶりの選挙権拡大となった「18歳選挙権」が始まった。

　世界でも多くの国が18歳選挙権となっているが、特に18歳の高校生が投票できるということで、高校における「政治教育」「選挙教育」「主権者教育」をどのように行ったら良いのかが課題となっている。

　当然、私たち一人ひとりの市民が、地域の一員としてきちんと子どもと向き合うことが求められている。しかし実際のところ多くの学校は、必要なことだと思ってはいても現実の政治を扱うことに後ろ向きである。受験の役に立たないという現実もあり、知識偏重・暗記中心となり、政治教育・選挙教育・主権者教育には十分な時間の確保ができていない。全校朝会や学年集会で、選挙管理委員会の職員を講師に50分程度話してもらうだけ、という学校もある。学校によっては、生徒会がないところもある（その場合は、各クラスでクラス代表を選出し、その代表者による代表委員会を設けて学校全体に関する議題を議論している）。

　本稿では、18歳選挙権時代が始まったことによる効果や影響、課題について、主権者教育の観点から考察したい。

第1部　日本の選挙制度の特徴と改革をめぐる議論

1 「18歳選挙権時代」における選挙

(1) 20代・30代よりも高かった18・19歳の投票率

　選挙権年齢が18歳に引き下げられて初めての国政選挙として第24回参議院議員通常選挙（2016年7月10日執行）が執り行われた。

　これまでは「20歳以上」に選挙権があったため、大学3年生に進学してから、あるいは社会人になってから初投票をしていたが、「18歳選挙権」ということは、大学に入学した時点ですでに有権者、ということになる。

　総務省が発表した参院選における18・19歳の投票率（抽出調査）は、18歳51.17％、19歳39.66％、平均45.45％であった（表1　18・19歳については上段の数字）。これは全有権者平均の54.70％よりも9.25ポイント低かった。このことから、「18歳51.17％　19歳39.66％　投票率、全体を下回る参院選」（朝日新聞、2016年7月12日）という見出しに代表されるように、18・19歳の投票率について否定的な論調が見受けられた。

　しかし表からも分かるように、18歳・19歳の投票率は20代（35.6％）、30代（44.24％）の投票率よりも高かった。今回の参院選における投票率は

表1　第24回参議院議員通常選挙の投票率（総務省公表資料から筆者作成）　　単位：％

	18歳	19歳	18歳+19歳	20代	30代	40代	50代	60代	70代	80代以上	合計
全国	51.17 (51.28)	39.66 (42.30)	45.45 (46.78)	35.60	44.24	52.64	63.25	70.07	72.07	47.16	56.08 (54.70)

※カッコ内は全数調査（18・19歳および全数投票率のみ）
※抽出調査は、全国47,905投票区の中から標準的な投票率を示す投票区を各都道府県の市区町村から188投票区（47都道府県×4投票区）を抽出し、その年齢別投票率（選挙区）の平均的傾向を求めたものである。そのため、「全数調査」の投票率とは誤差が生じる場合がある。
※全有権者の投票率および18・19歳の抽出調査は2016年7月11日、18・19歳の投票者数（全数調査）および全年齢の年齢別投票者数（抽出調査）は2016年9月9日、にそれぞれ総務省が公表。

第3章　18歳選挙権における課題と可能性

戦後4番目の低さだったが、20代、30代よりも高かった18・19歳の投票が、投票率全体の向上に寄与したとも言える。

　さらに、京都府教育委員会が新有権者約3,200人を対象に実施したアンケートでは、高校3年生相当の投票率は73.4％で、18歳（51.12％）、19歳（42.78％）、全体（51.16％）よりも高い結果となっている[1]。

　同様に、静岡県では高校3年生相当の投票率は81.3％（18歳：48.70％、19歳：37.15％、全体：55.76％）、福井県での高校3年生相当の投票率は70.73％（18歳：48.10％、19歳：36.24％、全体：56.50％）というように、他の自治体でも高校3年生相当の投票率は、18歳の投票率のよりも高くなっている。

　つまり、18・19歳世代に注目が集まり報道されたこと、多くの高校では3年生で「政治・経済」を学ぶ授業を通じて教員による投票への呼びかけが功を奏した、ということが言えよう。

(2) 18歳よりも低かった19歳の投票率

　一方で、19歳の投票率は18歳よりも8.98％低かった。この理由としては、高校卒業後の就職や進学によって、①住民票を地元に残したまま引っ越した、②「政治・経済」を学ぶ機会が減った、の2つを挙げることができる。

　①だが、高校卒業後の就職や進学によって地元を離れた際、住民票を地元に残したままのために投票へのハードルが高くなった、ということである。公益財団法人「明るい選挙推進協会」が2015年に行った調査[2]によると、実家から住民票を移していない大学・大学院生は63.3％に上っている。引っ越し先の居住地に住民票を移すことは法律で定められているが、住民票を移

---

1) 総務省「主権者教育の推進に関する有識者会議（第1回）」配布資料【資料1　参議院議員通常選挙（選挙区）における投票率の推移及び年齢別投票率】より　http://www.soumu.go.jp/main_sosiki/kenkyu/syukensha_kyoiku/index_00001.html
2) 公益財団法人「明るい選挙推進協会」調査　http://www.akaruisenkyo.or.jp/wp/wp-content/uploads/2011/10/47syuishikicyosa-1.pdf

第1部　日本の選挙制度の特徴と改革をめぐる議論

すとそれまで過ごした自治体から成人式の案内が届かなくなるといった住民票を移すことへの心理的抵抗感もあり、住民票を移さないことが多い。住民票を移していない場合は不在者投票制度を活用することもできるが、そのためには事前の届け出が必要であり手間がかかる。そもそも"初めての選挙"の時にこうした手間がかかると、投票に行くことへのハードルが上がってしまう。

　そして、住民票を移動してもすぐに投票できるようにならず、選挙人名簿に登録されるためには3ヵ月の居住が求められる。年度末・年度初めで引っ越しをしても、今回の参院選における選挙人登録に間に合わなかった事例も多々あった[3]。

　また②についてだが、高校卒業後に就職先や進学先（大学、短大、専門学校等）などで「政治・経済」を学ぶ機会はほとんどない。もちろん、就職先で加入した労働組合の活動を通して、より一層政治や経済を身近に感じることもないわけではないし、法学部や社会学部など「政治・経済」を学ぶ学部に進学している場合もある。あるいは、昨今問題化しているいわゆる"ブラックバイト""奨学金の返済"など、自分自身の生活に直接関わる課題を通じて社会問題を意識することもありえる。とはいえ、文学部、理工学部、現代心理学部などにおいては、よほど本人が自覚的に政治・経済に関する科目を履修しない以外は、直接的に学ぶ機会はなくなってしまう。何より投票を直接呼びかける機会は、クラス担任がいる高校の18歳と比べると、19歳や20歳前半は大きく減るのは当然である（前述したように、同じ「18歳」でも、「高校3年生相当の18歳」の投票率が高いことからも窺える）。

　もちろん①②の現状に対して、選挙管理委員会や国は手をこまねいているわけではない。

　投票所を少しでも生活圏に近づけるために、大学や短大、高等専門学校では期日前投票所を98校、投票所を39校で設置している。あるいはターミナ

---

3) 18歳よりも19歳の投票率が低かったことをうけて、自民党は不在者投票の簡素化を図ることを検討しているとのこと。（産経新聞、2016年8月22日）

第 3 章　18 歳選挙権における課題と可能性

ル駅の改札付近や大型商業施設内に臨時の投票所を設けるといった取り組み
が各地でされている[4]。

また、18～19 歳さらには 20 歳前半への投票呼びかけにおいては、大学生
世代への働きかけがこれまで以上に必要となることから、文部科学省高等局
は大学等に対して選挙啓発を促す通知を発出し、複数の大学では学内で啓発
事業や 18 歳選挙権に関する講義を行ったりもした[5]。しかしこれらの取り
組みは、まだまだ数える程度であり、全国的に広まっているとは言えない。

19 歳よりも 18 歳の投票率が高かったことを考えると、有権者となる 18
歳になるまでに、選挙や政治、あるいは身近な社会問題について関心を抱
き、政治を自分事としてとらえる機会があれば、選挙に行くことへの意欲も
高まると言える。そして、多くの高校で投票呼びかけがされた結果として
18 歳の投票率が高かったことを踏まえると、18～19 歳さらには 20 歳前半へ
の投票呼びかけにおいては、大学生世代への働きかけがこれまで以上に必要
となろう。

(3) 都市部が高く、地方が低い都道府県別 18・19 歳投票率

また、都道府県別の投票率にも特色があり、全体の投票率よりも 18・19
歳の投票率が上回っている都県があった。都道府県別投票率の確定値（全数
調査）によると、18 歳の投票率は東京都が 62.23％で最も高く、神奈川県
58.44％、愛知県 58.20％と続く。こうした上位 5 都県においては、18 歳の投
票率は全体の投票率よりも高く、18・19 歳の平均においても 5 割を超えて
いる。

---

4) 大学などに設置された期日前投票所については、「報告　参院選での共通投票所の設
　置、投票時間の延長などについて」『Voters No.33』公益財団法人明るい選挙推進協会、
　2016 年 9 月発行、pp.22-24 が詳しい。
5) 大学での啓発活動においては、たとえば筆者の勤務先の大学でも、文部科学省高等局
　からの要請をうけて「公職選挙法等の一部改正に伴う特別講演会」を実施した（https://
　www.toyo.ac.jp/site/news/106750.html）ほか、他大学でも学内で投票の呼びかけの実
　施などが取り組まれた。

55

第 1 部　日本の選挙制度の特徴と改革をめぐる議論

　一方で、18 歳の投票率最低は高知県 35.29％で、宮崎県 38.54％、愛媛県 41.43％と続く。都市部で投票率が高く、人口減少が進んでいる地方で投票率が低いわけだが、こうした背景について、松本正生埼玉大学社会調査研究センター長は、「投票率に関する旧来の常識と傾向を異にする。いわゆる住民票問題の影響が比較的小さいという好条件を差し引いても、『第 1 回 18 歳選挙権』は、都会の若者、とりわけ高校生たちのがんばりに支えられたと言えよう」[6]と分析している。

　特に今回の参院選から導入された「合区」（愛媛県と高知県、島根県と鳥取県）の県では、18 歳、19 歳の投票率が低く、19 歳で 2 割台、18・19 歳平均で 3 割台となった。合区制となったために選挙区が 2 県にまたがるようになり、候補者と出会う機会が失われたことも一因であろう。

　なお、下位 2 位の宮崎県では県内の公立・私立を含む全 67 の高校のうち 17 校で参院選を題材とした模擬選挙が実施されていた。筆者も宮崎に赴き授業や模擬選挙の様子を見学したが、校内には選挙関係の新聞記事が多数掲示されており、生徒も楽しそうに模擬選挙で投票をしていた。そのかいあってか、18 歳の投票率は 38.54％であったが、高校 3 年生相当の投票率は 64.56％となっている。

表 2　第 24 回参議院議員選挙における 18・19 歳の都道府県別投票率
（上位・下位 5 都県）

単位：％

都道府県	上位					下位					平均
	東京	神奈川	愛知	奈良	埼玉	香川	徳島	愛媛	宮崎	高知	
18 歳	62.23	58.44	58.20	55.51	55.31	41.99	41.20	41.43	38.54	35.29	51.28
19 歳	53.80	51.09	49.40	47.67	46.31	30.98	30.70	29.90	28.07	26.58	42.30
合計	57.84	54.70	53.77	51.63	50.73	36.52	36.01	35.78	33.61	30.93	46.78
全体の投票率	57.50	55.46	55.41	56.89	51.94	50.04	46.98	56.36	49.76	45.52	54.70

（18・19 歳の投票者数（全数調査）および全年齢の年齢別投票者数（抽出調査）を総務省が 2016 年 9 月 9 日に公表したものから筆者が作成）

6)　松本正生「若者低投票率『今は昔…』の始まりか」『Voters No.33』公益財団法人明るい選挙推進協会，2016 年 9 月発行，p.4.

第 3 章　18 歳選挙権における課題と可能性

　また、愛媛県では松山市選挙管理委員会が若年層の選挙啓発のために、他県に先駆けて 2013 年の参院選から松山大学に期日前投票所を設ける取り組みを行っている。

2　世代間の政治への意識

(1) 差が明確な年代別の投票理由

　ところで、年代によって投票理由は異なっているのであろうか。
　朝日新聞が参院選の際に実施した出口調査によると、年代別の投票時に考慮した課題は、「景気・雇用」については、18〜19 歳は 28％、70 歳以上は19％（以下、同）、「社会保障」については 15％と 29％、「子育て支援」については 13％と 4％、となっており、年代による差が明確であった（図 1 参照）。
　「景気・雇用」については、全世代が考慮している割合が比較的高いが、それでも退職世代となる 60 代・70 歳以上はその割合が他世代よりも低い。

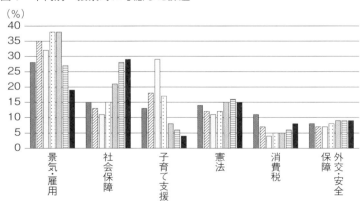

図 1　年代別・投票時に考慮した課題

（朝日新聞による出口調査（2016 年 7 月 11 日）より筆者が作成）

57

また、「子育て支援」においては、子育て世代となる 30 代の割合が突出している。18〜19 歳、20 代、40 代も 1 割台を超えているが、子育てがひと段落している 50 代以降は 1 割を切っている。

その一方で「社会保障」は、年金・介護世代となる 50 代以降が 2 割を超え、60 代、70 歳以上になるにつれて増えている。

(2) シルバー民主主義

選挙権年齢を 18 歳に引き下げる過程においては、「若者の投票率は平均を大きく下回っており、若い人は結局、政治に興味が無い」「選挙権年齢を引き下げても、若者は政治を判断できない」という声がよく聞かれた。

確かに、18 歳選挙権となった第 24 回参院選においても、前述したように 20 代は 35.60％で、平均を 20 ポイント以上下回っている。20 代の低投票率は今に始まったことではなく、1969 年に行われた総選挙以降、平均を 10〜20 ポイント下回る形で推移している。

その一方、少子高齢化の進行に伴って有権者に占める高齢者（シルバー）の割合が増し、高齢者層の政治的影響力が増す現象を指す「シルバー民主主義」という言葉もあるように、世界各国と比較しても非常に少子高齢化が進んでいる日本において、子ども・若者の割合は今後もさらに減少していく。

2016 年の参院選における年代別投票率を、実際の有権者数に掛け合わせてみると次のようになる。

○ 60 歳代の有権者数　約 1800 万人　×　投票率 70.07％　＝約 1261 万票
○ 20 歳代の有権者数　約 1300 万人　×　投票率 35.60％　＝約 463 万票

つまり、20 歳代と 60 歳代の有権者数は 500 万人の差があるが、実際に投票した世代ごとの投票数においては、20 歳代の有権者の投票数は、60 歳代の有権者の投票数の三分の一となっている。

各世代特有の課題もあり、前述したように世代によって関心事が異なって

いることはおかしくなく、当然、全世代が関心を持つテーマもある。とはいえ、18〜19歳世代の人口が約240万人に対して、63歳だけで約230万人というように、世代における人口差も拡がり、高齢者ほど投票率が高い現状においては、相対的に若者向けの政策は後回しにされがちである。若者が政治に期待したくても、期待しにくい現状があるのもうなずける。

　シルバー民主主義が言われる中、若年世代の声を政治に反映していくために必要なことは何か。「年代別選挙区制」なども言われるが特効薬ではない。各世代の声がきちんと政治に反映する仕組み作りが、選挙とは別の場面で求められる。

■ 3　子ども・若者は、政治に無関心ではない

（1）若年層の政治離れは本当か？

　「明るい選挙推進協会」が実施した、第23回参議院議員通常選挙全国意識調査（2013年）によれば、20〜30歳代の若者が投票を棄権した理由は、以下のとおりとなっている。

・選挙にあまり関心がなかったから：23.4%
・仕事があったから：22.2%
・適当な候補者も政党もなかったから：21.3%
・政党の政策や候補者の人物像など、違いがよくわからなかったから：19.2%

　また、他の年代と比べると、「選挙にあまり関心がなかったから」の割合が多くなっている（40〜50歳代は16.7%、60歳以上は16.0%）。
　また、内閣府の『平成26年版　子ども・若者白書』によれば、「社会をよりよくするため、私は社会における問題に関与したいと思う」に「イエス」と答えた若者の割合は、日本の44.3%に対して、ドイツは76.2%、アメリカ64.3%、韓国60.4%、イギリス57.1%であった。また同白書の「私の参加に

第1部　日本の選挙制度の特徴と改革をめぐる議論

より、変えてほしい社会現象が変えられるかもしれないと思う」という問い
に「イエス」と答えた割合は、日本が30.2％に対して、アメリカは52.9％、
ドイツは52.6％、イギリスは45.0％、韓国は39.2％となっている。このよう
に、「社会問題への関与」や「自身の社会参加」について、日本の若者の意
識は、他国と比べて相対的に低い。

その一方でNHKが2015年11月から12月にかけて実施した、18歳〜19
歳の若者3000人を対象にした世論調査によると、「あなたは、いまの日本の
政治にどの程度関心がありますか」という問いに対して、「関心がある（お
おいに関心がある＋ある程度関心がある）」と答えた人の割合は52.4％で
あった。また、「あなたは、いまの政治が変わってほしいと思いますか」と
いう問いでは、「変わってほしい（大きく変わってほしい＋ある程度変わっ
てほしい）」は87.3％と、ほとんどの若者は、いまの政治が変わってほしい
と思っている。

（2）問題なのは、「政治の若者離れ」

確かに初の18歳選挙での参院選における18・19歳の投票率は5割を超え
ていた。しかし前記したように、20代、30代の投票率が低いのも事実であ
る。とはいえそれは、若者にすべて問題があるのか。むしろ、選挙や政治に
ついて、子ども時代から意識を持てるようにしてこなかったから若者の政治
離れを促進させているのであり、そうした若者を育ててきた「おとな社会」
に問題があることを無視はできない。

「若者が政治から離れている」側面を否定はしないが、むしろ「政治が若
者から離れている」からこそ、若者が政治を身近に感じず投票所に足を運ば
なくなっているのではないか。「若者の政治離れ」を嘆くのであれば、それ
こそおとな自身が範を示すべきである。「号泣県議」や「美人すぎる市議」、
「汚職議員」「不倫議員」を選び、当選させているのはおとなであり、そうし
たおとなを子どもたちは見て育っている。こうした現状を見て、政治への希
望や期待を、子どもや若者は抱くことができるのであろうか。

第3章　18歳選挙権における課題と可能性

　だからこそ18歳選挙権を機に、学校教育をはじめ、家庭や地域社会の中で、「シティズンシップ教育」「主権者教育」「政治教育」に取り組むことが課題となり、期待されている。

　おとなが子どもや若者に対し、生活している地域の課題やこれからのあり方について話したり、あるいは子どもや若者が感じていること・考えていることに耳を傾けることが、子どもや若者に市民としての実感を呼び起こし、主権者意識を芽生えさせることにつながる。

4　主権者教育に求められていること

（1）シティズンシップ教育とは

　「シティズンシップ教育」「主権者教育」「政治教育」など、さまざまな類義語が存在するように、求められている教育には幅がある。

　たとえば、2006年に経済産業省が公表した『シティズンシップ教育と経済社会での人々の活躍についての研究会報告書』（以下、報告書）では、「シティズンシップ教育」を「市民一人ひとりが、社会の一員として、地域や社会での課題を見つけ、その解決やサービス提供に関する企画・検討、決定、実施、評価の過程に関わることによって、急速に変革する社会の中でも、自分を守ると同時に他者との適切な関係を築き、職に就いて豊かな生活を送り、個性を発揮し、自己実現を行い、さらによりよい社会づくりに関わるために必要な能力を身につけるための教育」とした。

　シティズンシップ教育に早くから取り組んできた神奈川県教育委員会は、「積極的に社会参加するための能力と態度を育成する実践的な教育」とし、2014年6月に閣議決定された『平成26年版　子ども・若者白書』では、「社会の一員として自立し、権利と義務の行使により、社会に積極的に関わろうとする態度を身に付けるため、社会形成・社会参加に関する教育」をシティズンシップ教育としている。

　そしてこれらの表現は、「社会に積極的に参加し、責任と良識ある市民を

61

育てるための教育」とする英国の Citizenship Education に由来するところが多い[7]。

　その一方、教育行政を担う文部科学省は「シティズンシップ教育」という名称は基本的に使用せずに「政治的教養を育む教育」「主権者教育」と表現し、総務省は「主権者教育」を使用している。いわゆる「公民教育」や「政治教育」とも重なる部分があるものの同一とは言えない。

　こうしたことを踏まえ、私自身は、旧来からの学校教育（特に、社会科系の科目）だけで取り組まれている「公民教育」や「主権者教育」といった狭い概念ではなく、教科の枠を越えて取り組まれている教育という現状を踏まえ、「『市民』としてのあり方を深めるための教育活動」を総称して「シティズンシップ教育」ととらえ、「シティズンシップ教育」の中で「政治的な内容」を扱う場合を「政治教育」と位置づけている。

　ちなみにドイツでは、ナチス独裁を許した悲惨な経験を踏まえ、政治をよく知り、政治に積極的に参加するための教育としての政治教育に力を入れており、国の管轄する連邦政治教育センターが中心となってプログラムを提供している。また、スウェーデンでは、「シティズンシップ教育」とは言わずに「民主主義教育」という言い方をしている。そして 1960 年代頃より民間団体が取り組んできた実際の選挙を題材とした模擬選挙（「学校選挙（Skolval）」と呼ばれている）を、1990 年代後半から国が関与するようになり、現在は国家予算を投じて実施している。

（2）教育現場に求められること

　18 歳選挙権実現を踏まえて文部科学省（以下、文科省）は、「高等学校等における政治的教養の教育と高等学校等の生徒による政治的活動等について

---

[7] 大久保正弘. 2012.「わが国における citizenship Education の導入の可能性について—英国の事例との比較分析から」長沼豊，大久保正弘編『社会を変える教育　Citizenship Education ～英国のシティズンシップ教育とクリック・レポートから～』株式会社キーステージ，p.63.

第3章　18歳選挙権における課題と可能性

（通知）」[8] を 2015 年 10 月 29 日に発出し、これからの「主権者教育」「政治的教養を育む教育」のあり方について、次のように書いている。

　　「議会制民主主義など民主主義の意義、政策形成の仕組みや選挙の仕組みなどの政治や選挙の理解に加えて現実の具体的な政治的事象も取り扱い、生徒が国民投票の投票権や選挙権を有する者として自らの判断で権利を行使することができるよう、具体的かつ実践的な指導を行うことが重要」

　つまり、子ども時代から社会課題について考える機会を設け、「賢い有権者」「考える市民」を育てることが求められていると言える。

　そして、この通知に先立ち、文科省は総務省とともに、『私たちが拓く日本の未来―有権者として求められる力を身に付けるために』（以下、副教材）[9] と題した政治参加等のための学習教材を作成した。副教材は、国公私立すべての高校生に 370 万部配布され（2016 年度以降も、新年度になるたびに新入生に配布している）、WEB からダウンロードもできる。副教材の内容は、2020 年度に設けられる高校の新科目「公共」の内容の先取りとも言われている。

　この副教材では、「国家・社会の形成者として求められる力」として次頁の 4 つを掲げている[10]。

　つまり、論理的・多面的・多角的に考え、課題を見出し、協働して解決し、社会に参画していくことが求められていると言えよう。単なる知識のみ、あるいは憲法や安全保障、TPP といった大きなテーマについてだけを

8）高等学校等における政治的教養の教育と高等学校等の生徒による政治的活動等について（通知）　http://www.mext.go.jp/b_menu/hakusho/nc/1363082.htm
9）総務省・文部科学省『私たちが拓く日本の未来―有権者として求められる力を身に付けるために』（2015 年 9 月）
　文部科学省　http://www.mext.go.jp/a_menu/shotou/shukensha/1362349.htm
　総務省　http://www.soumu.go.jp/senkyo/senkyo_s/news/senkyo/senkyo_nenrei/01.html
10）『私たちが拓く日本の未来―有権者として求められる力を身に付けるために』p.30

第1部　日本の選挙制度の特徴と改革をめぐる議論

〈国家・社会の形成者として求められる力〉

○ **論理的思考力（とりわけ根拠をもって主張し他者を説得する力）**
自分の意見を述べる際には根拠をもって説明することが重要であることを理解するとともに，異なる立場の意見がどのような根拠に基づいて主張されているかを検討し，議論を交わす力。

○ **現実社会の諸課題について多面的・多角的に考察し，公正に判断する力**
現実の社会においては様々な立場やいろいろな考え方があることについて理解し，それらの争点を知った上で現実社会の諸課題について公正に判断する力。

○ **現実社会の諸課題を見出し，協働的に追究し解決（合意形成・意思決定）する力**
お互いに自分の考えや意見を出し合い，他者の考えや価値観を受け入れたり意見を交換したりしながら，問題の解決に協働して取り組む力。

○ **公共的な事柄に自ら参画しようとする意欲や態度**
大きな社会変化を迎える中で，日本人としての自覚をもって国際社会で主体的に生きること，持続可能な社会の実現を目指すなど，公共的な事柄に自ら参画していこうとする力。

考えるのではなく、まずは自分の考えを掘り深め、自分事化することが大切である。

　そして、副教材は、以下の３つのパートに分けた内容となっている。

・解説編：選挙の仕組みや年代別投票率などについて
・実践編：話し合い活動やディベートを中心に、模擬選挙や模擬議会、模擬請願など、実際の政治的事象を授業の中で取り上げ、社会課題について考え判断することについて
・参考編：選挙運動や政治活動のあり方などについて

　また、副教材とともに「教師用指導資料」を作成し、副教材を実際に授業で使用する際のポイントや指導上のねらい、評価のあり方、授業プラン（指導計画書）、保護者向けの案内文例といったものをまとめている。

（3）政治を自分事としてとらえる機会

　そもそも私たちは、自動車を運転するためにも交通ルールを覚えるだけではなく、教習場で練習し、その後に路上教習を行うというように、「知識」と「実技」の両方を学ぶことで、物事ができるようになる。

　つまり、18歳になったから突然有権者として判断できるようになるわけではない。それこそ就学前から主権者として主体的に考え、判断し、他者との関わりの中で自分なりの答えを模索し、選択し、行動していく機会を設けることが不可欠となる。もちろん、失敗する経験を重ねることも大事である。

　ましてや間接民主制の日本においては、私たちが直接政治的な意思決定ができる場面は少なく（もちろん、住民投票や、憲法改正の国民投票などの機会はあるが、頻繁に行われるわけではない）、多くは私たちが選挙で選んだ代理人＝議員によって物事が決まっていく。社会におけるルールを決めるのは私たちが選んだ代理人である以上、その代理人をきちんと選ぶ基準や視点をもつことが大切となる。

　副教材では「架空の選挙を扱う模擬選挙」と、「実際の選挙を扱う模擬選挙」の2種類を取り上げているが、筆者自身は、2002年の町田市長選挙以降、「実際の選挙を扱う模擬選挙」の普及・推進に取り組んできた。

　この実際の選挙を扱う模擬選挙は、まさに「シティズンシップ教育」としてアメリカ、イギリス、スウェーデン、ドイツなどで毎回数十万～数百万人規模で行われている。これらの国では、70年代からすでに18歳選挙権（さらには、イギリスやドイツ、オーストリアなどの州では、16歳選挙権のところもある）となっており、前述したように学校教育を通じて政治教育に力をいれ、社会を担う市民育成に取り組んでいる。

第1部　日本の選挙制度の特徴と改革をめぐる議論

（4）模擬選挙の結果から見えること

　主権者教育における実践的な取り組みが十分ではない中、2003年の衆議院議員総選挙以降、すべての国政選挙で模擬選挙を行っている模擬選挙推進ネットワーク（東京都町田市）は、今回の参議院選挙に際しても未来の有権者を主な対象にした「模擬選挙2016」を実施した。

　参議院選挙の選挙期間が期末試験期間や全県統一テストと重なった学校もある中での実施となったが、未来の有権者（投票日当日に17歳以下の人）を含め1万人以上からの投票があり、以下のように実際の選挙結果とほぼ同じ結果となった[11]、[12]。

　模擬選挙の投票結果は、国政選挙においては、ほぼ同様の結果となること

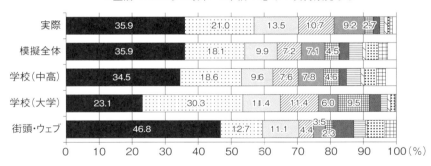

図2　「参議院選挙・模擬選挙2016」結果

11）模擬選挙の結果はウェブサイトを参照のこと。　http://www.mogisenkyo.com/2016/09/01/883/
12）模擬選挙の結果において「大学」での結果が、「中学・高校」と大きく異なっているが、これは、中学・高校においては「政治的中立性」の観点から、教員が特定の政党を支持したり、非難したりすることは避けて実施している一方で、大学の講義においては教員の主義主張が明確となっている場合が多く、そうした教員の言動が、投票者に影響を及ぼしているからと推察できる。

が特徴的である。

　自民党に投票した未来の有権者は「国防力の強化が必要だと思うから」「他の政党よりもしっかりとした政策を行っている」、民進党に投票した未来の有権者は「女性やこどもの政策が優先的になっていたから」「過去の失敗を糧にしてやってくれると思うから」、公明党に対しては「待機児童問題によく対応していると思ったから」「私たちに寄り添っている感じだったから」というように、各政党の政策を読み比べ、そこから自分なりに感じ取った内容で一票を投じていた。

　また、模擬選挙で投票した感想からは、政策比較の大事さや難しさ、自分たちにとって身近に感じる政策が無いことの実感、何もしなければ良いわけではなくきちんと議論することの必要性、といったことが書かれていた。実際の選挙に即して行う候補者・政党への投票だからこそ、自分のこととして真剣に考え、模擬選挙であっても一票を投じている。まさに、模擬選挙は、単なる「投票体験」だけではなく、「一票を投じる重み」を実感する機会となっている。模擬選挙だけが主権者教育ではないのは言うまでもないが、こうした実践の場を日常の中で積み重ねていくことが重要である。

　そして、実際の選挙を扱う模擬選挙を行うと、中高生の「政治・選挙の関心」は大きく変化する。模擬選挙に参加した中高生約1800人へのアンケート調査によると、「模擬選挙を行う前」は、関心がある（45.8％）よりも関心が無い（48.9％）割合のほうが高かったが、「模擬選挙を行った後」は、関心があるは30ポイント以上も高い76.4％で、逆に関心が無いは17.2％と大きく下がる。

　架空の政党・候補者に投票するだけの単なる「投票体験」ではなく、実際の選挙が題材だからこそ、アレコレ考え、自分の意思で一票を投じる。今では「学校の周りの選挙カーがうるさい」「ポスターが目ざわり」というように他人事だった選挙が、「あの人、毎日駅前で話していたなぁ」「下校時に演説を聴いてみよう」というように、自分事に変わる。まさに、「実際の選挙を扱う模擬選挙」を通じて、前述した文科省局長通知にある「生徒が国民投票の投票権や選挙権を有する者として自らの判断で権利を行使することが

第1部　日本の選挙制度の特徴と改革をめぐる議論

できる」ための場となっている。

5　「政治的中立性」を取り巻く状況

(1)「政治的中立性」のあり方にとまどう学校現場

18歳選挙権元年となった今回、教育委員会や学校の管理職は、これまで以上に「政治的中立性」を意識し、政治教育や主権者教育に慎重かつ躊躇するケースが見受けられた。たとえば、以下のような"過剰反応"とも言える学校現場がこれまで以上に顕在化した。

・実施前日に、「実在の政党名」での模擬選挙に対して学校長からストップがかかったため、政党名を架空のものに置き換えて、政策はそのままで実施（公立中学校）
・授業中に話した政党名の数をWEB等で批判されることを恐れ、授業内では政党名はおろか政策について一切説明せず、「選挙公報」を配布して生徒各自に読ませるだけで模擬選挙を実施（公立高校）
・模擬選挙で実際の政党名で投票はさせるが、開票せずに投票用紙を破棄（当然、投票結果の公表も行わない）（公立高校）

学校現場での過剰反応が未来の有権者が考える機会を奪い、その結果、主権者として成長する場を失わせている。「政治的中立性」については、依然として議論が収束しておらず、学校現場を混乱させているのは事実であるが、端的に言えば教員が自分の意見を述べず、多様な意見を提示すれば済むだけのことである。主権者を育てるために学校現場がすべきことは何かについて、教育現場における管理職の理解が不可欠である[13]、[14]。

---

13) 学校における政治的中立性のあり方については、拙稿「日本における18歳選挙権制度の法制化と現代的意義」『子どもの権利研究　第27号』子どもの権利条約総合研究所編（日本評論社）、pp.6-18を参照のこと。

68

（2）「政治的中立性」が何なのかを明確にしないままで実施された自民党「学校教育における政治的中立性についての実態調査」

　参院選挙期間中の 2016 年 6 月に、自由民主党は WEB 上で「学校教育における政治的中立性についての実態調査」を実施した。この調査は、「学校教育における政治的中立を逸脱するような不適切な事例を具体的（いつ、どこで、だれが、何を、どのように）に記入」することを求めるものである [15]。しかも、自民党の調査における文面は、＜「子供を戦場に送るな」と話すこと＝政治的中立を逸脱している＝偏向教育＞とした当初の表現に多くの批判が集まったために表現を修正するなど、何をもって「政治的中立」と定めるのか自民党内においてもコンセンサスが取れておらず、いわば思いつきで行っていたとも言える [16]。

　実態調査に関するその後の報道によると、「投稿された情報のうち明らかに法令違反と思われるものなど一部を警察当局に提供する考え」「いじめや体罰など政治的中立と関係のない通報があった」「SOS を発していたり、明らかな法令違反だったりして、無視できない」（2016 年 8 月 2 日、朝日新聞）など、政治的中立性についての実態調査以外の内容についても、投稿が寄せられていたようである。

　学校教育において教員の言動が生徒・学生に与える影響を考えると、教員

14）なお、この間、政治教育に取り組んできた大阪府立旭高校の佐藤功教諭は政治的中立性について、「私は授業のなかで、政治的な事象について自分の意見を述べることはありません。」「私が『述べない』理由は、ただ 1 つ。『教師が自説を述べないほうが教育効果が高い』から。つまり、私の場合、自説を述べると、ともすれば『教師 vs 生徒』の図式で議論が進む恐れがあるから」「経験から言うと、私が主張したいことを、私が出張（でば）る以上に説得力のあるコトバで述べてくれる生徒が必ず出てきます。彼に任せておこう。」と述べている（「NewsLetter 子どもの権利条約 No.125」子どもの権利条約ネットワーク 2016 年 9 月 15 日、p.6）。

15）自由民主党「学校教育における政治的中立性についての実態調査」 https://ssl.jimin.jp/m/school_education_survey2016 ※閉鎖。

16）BuzzFeed Japan　2016 年 7 月 9 日。 http://headlines.yahoo.co.jp/hl?a=20160709-00010003-bfj-pol

が「特定の政党・候補者」への「賛成・反対意見」を一方的に述べたり、生徒・学生を一定の方向に誘導したりしていると受け取られかねないような言動をとることは行うべきではない。実際、模擬選挙において特定政党のみを取り上げて「特定のイデオロギー」を教えるようなことはありえず、政治的中立の立場で取り組むのは当然である。

　むしろ政権党によるこのような調査は過度に現場を委縮させるだけで（むろん、それが狙いなのであろうが）、機運が高まった主権者教育を停滞させてしまう。学校現場が創意工夫しながら模擬選挙を含めた主権者教育に積極的に取り組めるように、政治家みずからがもっとバックアップしていくべきである[17]、[18]。

6　そのほかの課題

(1) 公職選挙法と政治教育・主権者教育

　学校で政治教育・主権者教育に取り組むにあたり、公職選挙法を無視することはできない。たとえば以下のことは、「公職選挙法（公選法）違反のおそれがある」と指摘されている。

・18 歳未満の生徒が候補者になりかわった演説やディベートを行うこと
　　→公選法 137 条 2「年齢満十八年未満の者の選挙運動の禁止」によって、18 歳未満の選挙運動は禁じられている。たとえ調べた内容の発表だけでも、候補者や政党の政策を多くの聴衆に伝えることは

---

17) 実態調査の文言には＜模擬投票（模擬選挙）において偏向教育が行われやすい＞との印象を受けることにつながりかねない内容があり、模擬選挙推進ネットワークは 7 月 21 日付で＜模擬選挙推進ネットワークとしての見解＞を公表した。 http://www.mogisenkyo.com/2016/07/21/873/
18) 自民党による実態調査についての詳細は、拙稿「18 歳選挙権時代における「政治的中立性」の扱い 自民党による実態調査は学校現場を過度に委縮させている」『WEBRONZA』2016 年 8 月 30 日参照のこと。 http://webronza.asahi.com/national/articles/2016082400002.html

"選挙運動"とみなされるおそれがある。

・教師が政党のマニフェストを入手し生徒に見せること
　　→公選法 142 条「文書図画の頒布」において、マニフェスト等を配布できる場所が定められている。
・公立学校の教師が政党のポスターを入手し、教室内に掲示し、選挙についての授業を行うこと
　　→公選法 143 条「文書図画の掲示」によって、ポスター等を掲示できる場所が定められている。特に公共施設内への掲示は禁じられているため、選挙期間中に公立の学校内に政党ポスターを掲示することはできない。
・選挙期間中に、候補者や政党関係者を学校に招いて演説会を行うこと
　　→公選法 164 条 3「他の演説会の禁止」によって、選挙期間中の演説会は候補者および届け出政党以外は実施することができない。

　実際の選挙を題材にした模擬選挙を実施する際、教師が政党マニフェストを使用することが公選法の違反行為に抵触するおそれがあるとなると、各政党の政策について授業内で議論することにおのずと限界が生じてしまう。

　これまで実践的な政治教育・主権者教育に取り組めていなかった／取り組めてきていなかった学校現場は、"生の政治"を取り扱うことについてそもそも慎重になっている。学校現場が公選法を意識するあまりに、前述したような「授業内では政党名はおろか政策について一切説明しない」といった、本末転倒な取り組みが行われている。

　今後は、公選法の規定を「学校教育の範囲においては除外」できるようにしたり、さらには公選法の規定を改定するなどが必要となる[19]。

19）総務省は、選挙権年齢引下げ後に初めて行われた第 24 回参議院議員通常選挙や各種調査の結果を踏まえ、主権者教育の現状と課題について検討を行うことにより、さらなる主権者教育の推進に資することを目的として、「主権者教育の推進に関する有識者会議」を開催し、検討内容のとりまとめを 2017 年 3 月 28 日に公表した。とりまとめでは、「考える力、判断する力、行動していく力」を育て、継続的に投票に参加する主権者の育成に注力するという方向性を提示。「高校入学前、高校生、高校卒業後（有権者）

第1部　日本の選挙制度の特徴と改革をめぐる議論

(2)　成人年齢の引き下げ、被選挙権年齢の引き下げ

　日本における成年年齢は、1896年に制定された旧民法で「20歳」と規定されたことに遡る。民法制定当時は欧米よりも日本の成年年齢のほうが若く設定されていたが、欧米では、1970年前後に選挙権年齢を引き下げると同時に成人年齢も18歳に引き下げている。

　そうした中、法務省の諮問機関である法制審議会は、2009年10月に「民法の定める成年年齢については、これを18歳に引き下げるのが適当」と答申を行い、自民党は「成年年齢に関する特命委員会」による『成年年齢に関する提言』を2016年9月に公表した。提言では、民法の成年概念を用いる法律を含め、できる限り速やかに20歳から18歳に引き下げる法制上の措置を講じるべきとしている。

　こうした状況を踏まえ、法務省は2017年秋の臨時国会に民法改正法案を提出する見通しとなっている。3年の周知・経過期間を考慮すると、早くて2021年から18歳成人が実現することとなる[2)]。

　また、自民党の提言においては、被選挙権年齢引き下げについても明記され、2016年7月の参院選では与野党各党が被選挙権年齢を選挙公約として掲げていた。今後、18歳成人の議論とともに、被選挙権年齢の引き下げについても議論が起こるであろう。

　の各段階で、年代や環境に応じた題材を使った教育」「計画的・組織横断的な取組」「国及び地方公共団体による取組」についてまとめるとともに、「主権者教育と公選法の関係、政治的中立性を確保した上での主権者教育の取組、主権者に対する情報発信のあり方に関しては、政党や政治家等も含め幅広く検討することも必要」としている。　http://www.soumu.go.jp/main_sosiki/kenkyu/syukensha_kyoiku/index.html

20)　詳しくは、高橋亮平「[解説] 成年年齢引き下げをめぐる行政・立法現場での議論—法制審議会・民法成年年齢部会などにおいて」『子ども白書2016』日本子どもを守る会編. 本の泉社. pp.34-42参照。

第3章　18歳選挙権における課題と可能性

おわりに

　そもそも主権者教育は、「選挙」を扱うことだけではなく、学校だけが取り組めばよいわけではない。幼少期から主権者意識を育むことが、学校のみならず、家庭や地域で求められている。

　小学校の生活科の時間で「防犯マップ作り」に取り組むことがよくある。「ガードレールがないから危ない」「街灯が切れている」など小学生からの意見は、まさに、住民目線の声である。学校内だけで共有するのではなく、町内会や行政内できちんと把握し対応をとることが住民の声を反映することであり、反映できる場をきちんと設けることにより、「何かあったらきちんと伝えよう」という市民意識が生まれる。

　地域の防犯・防災マップ作成以外にも、商店街の活性化、被災地における復興計画といった地域の課題について、おとなだけではなく、その街で生活している市民である子ども自身、そして大学生も参加して考えることは市民意識を育てていくためにも大事なことである。

　そもそもこれらは小学校低学年の段階からすでに取り組まれていることであり（場合によっては就学前から）、子ども時代から「地域の担い手」という意識を持つことが、それこそ主権者としての自覚と責任を意識することにつながる。

　もちろん「政治離れ」の元凶である議員自らも、政治の魅力意義、必要性をきちんと発信すべきである。自分のことを棚にあげて学校を批判するのではなく、まずは、政治に対する関心を高め、信頼してもらえるように取り組むべきである。実際に、"消滅可能性自治体"となったことに危機感を抱いた自治体においては、地方議員が議会として、中学生や高校生との対話の機会を設けている。

　住民であり、市民であり、主権者である未来の有権者に対して、一人の人間として子ども時代から地域づくり、社会づくりに関わることが、市民性の意識を醸成することにつながる。民主主義は子ども時代からの取り組みによって培われる以上、浮き彫りとなった課題について向き合っていくことが、今、求められている。

73

第2部

西ヨーロッパ主要国と欧州連合の状況

第4章	
	イギリスの選挙制度改革 ──2011年の国民投票とその後 ジャスティン・フィッシャー

はじめに

　選挙制度の改革は、イギリスにおいて19世紀以降、エリートにまつわる議論の一テーマであり続けてきた。その議論の重要度は常に一定ではなかったが、1970年代以降に高まりを見せていき、2011年の選挙制度改革に関する国民投票で頂点に達したことを見てとれる。しかし、この国民投票の結果は現状維持を是認するものであった。そして、それは選挙制度改革の重要度が再び減じること、さらには当面の間、改革が喫緊の政治的アジェンダではなくなりうることを意味していた。

　本稿では、まずイギリスの現行の選挙制度を説明する。次に、選挙制度改革の歴史的な議論を概観する。これを踏まえて、2011年国民投票の帰結を説明する理由に光を当てていく。そして最後に、この国民投票の結果がもつ示唆について考える。

1　現行の選挙制度

　選挙制度改革について議論する前に、まずはイギリスの国会議員を選出する現行の選挙制度について説明する。下院（庶民院）議員は、小選挙区制を通じて選出される。重要なのは、その選挙戦が政党というよりも候補者単位で争われることである。確かに党名簿に認められた者のみ出馬できて、1969年以降は、その候補が独立候補でない限り、政党の名と共に投票用紙に掲載されることになっている。しかし有権者は、現行650の選挙区の内の1区で1票を投じることしかできない。

77

第2部　西ヨーロッパ主要国と欧州連合の状況

　なお、この選挙区の数は選挙区画委員会による定期的な調査によって変更されるものである。この変更については、各選挙区の有権者数を均一にするために現在進行形で検討されており、具体的には600まで選挙区を減らすことが考えられている。

　この小選挙区制は、イギリスにおいて19世紀以降、下院議員を選出するための主要な方法であり、1950年以降では唯一の方法となっている。この小選挙区制では、候補者が選挙で勝つためには相対多数の票を獲得しなければならない。そのため、各選挙区の勝敗を集計した結果がイギリス全土で投じられた票の比率を反映している可能性は低い。投票者の多くが勝利候補を支持しているならば、その限りではないかもしれない。だが1931年以降の選挙で、投票者の多数が勝利した政党を支持しているというケースはない。もちろん、小選挙区制は比例性を重んじる結果を生み出すように設計されていない。そのため、イギリスの国政選挙でしばしば起きるゆがんだ選挙結果は驚くべきことではないのである。

2　他の選挙制度

　イギリスの下院選挙では小選挙区制が採用されている一方、国家の上位・下位レベルでは他の選挙制度も見てとれる。国家の上位に位置する欧州議会の選挙に関しては、イギリスでは1999年以降、拘束名簿式の比例代表制が採用されている。この制度の下では、11の選挙区で候補者たちが争ってきた。具体的にはイングランドで9つの選挙区、スコットランドとウェールズでそれぞれ1つの選挙区が設置されており、複数の候補者がそれぞれの選挙区から選出される。なお北アイルランドに関しては、3人の候補が単記移譲式の選挙制度によって選出される。この少数派の意見代表を確保する選挙制度は、イギリスの中でも、北アイルランドのように歴史的に分断された場所で重要と考えられるものである。

　国家の下位レベルにおいても、小選挙区制とは異なる選挙制度が敷かれている。スコットランド議会選挙、ウェールズ議会選挙、そしてロンドン議会

選挙では、小選挙区比例代表連用制が用いられている。この制度の下では、各党の議席数が比例代表制での得票率に応じて配分される一方、候補者の一部は1人区で選ばれることになっている。また、北アイルランドの議会では単記移譲式が採用されている。この選挙制度は、北アイルランドおよびスコットランドの地方政府の選挙制度設計でも見てとれるものである。

　ここまで述べてきたもの以外にも、ロンドン市長選などでは補足投票制度が使われている。これは優先順位付投票制の一種であるが、投票者は2人の候補しか選ぶことができない。この時、どの候補も第一選好の票で50%以上の支持を得られなかった場合は、トップ候補2名以外の他の候補が取り除かれる。そして取り除いた候補の第二選好の票をトップ候補2名に再分配して、最も多くの票数を得た候補を選出する。この選挙制度に加えて、イングランドとスコットランドの地方政府レベルでは、小選挙区制ないしは、複数候補を小選挙区制と同じようなルールで選ぶ完全連記制が用いられている。

3　選挙制度改革の議論の背景

　イギリスにおける選挙制度改革の議論は新しいものではない。19世紀中ごろから1931年に至るまでには、既に多くの議論が交わされていた。これは1918年に21歳以上の全男性、1928年に21歳以上の全女性へ選挙権が付与されるプロセス、および現在の政党制の萌芽的発展（Farrell 1994；Margetts 2003）と共時的に生じていた。

　現在も選挙制度改革を促す原動力となっている選挙改革協会は、1884年の創設から1931年までに、4度にわたる庶民院の選挙制度改革を提言してきた（Farrell 1997）。具体的には1884年、1910年、1916-1917年、そして1931年の4回である。これらの提言は、強い政府および少数派保護を求める議論と共振していた（Farrell 1997：21）。そして、これらは当時の懸案であった、民主制を脅かす存在になっていくと予想された政党の権限を制限するという要求を反映させたものでもあった。

　この点は、オストロゴルスキーが1901年に提起した「寡頭制の鉄則」の

第2部　西ヨーロッパ主要国と欧州連合の状況

問題と関係する。大衆政党は、その組織的発展の過程において、党指導者と議会内会派の政治的判断に関して折り合いをつけることが必要になってくる。その一方で、議会内会派は次第に責任のない議会外組織に恩義を受けるようになっていくと考えられるのである（Fisher 1996：139）。

しかし1931年以降、イギリスの選挙制度は40年の間、真剣に考えられることはなかった。第二次世界大戦の直後、1945年選挙に見る労働党の圧倒的な勝利は、選挙制度改革を政治的なアジェンダから遠ざけることに寄与したといわれている（Margetts 2003：65）。

4　選挙制度改革が再び政治的アジェンダへ

選挙制度改革の議論は、1970年代に再燃しはじめる。この背景としてまず、小政党の選挙パフォーマンスが向上していたことが指摘できる。スコットランド国民党とウェールズのプライド・カムリは1960年代から勢力を拡大してきており、1974年10月選挙において両政党は、それぞれの地域の各選挙区で候補者擁立を果たしている。これらの党の影響力は、とりわけスコットランドで無視できないものであった。両政党は同地域で議員を輩出しており、中でもスコットランド国民党に関しては、前回選挙（1970年）の11.4%から30.4%へと得票率を大きく伸ばしている。

また全国政党である労働党は、イングランド、スコットランド、ウェールズで7.6%の得票率上昇、および6議席増加という躍進を果たしている。さらに、この1970年の後の選挙（1974年2月）でも、労働党は19.8%の得票率上昇と14議席増加という好調を維持していた。

選挙制度改革の議論が再燃した背景として2つ目に、1970年代における選挙ボラティリティの増加を挙げることができる（Farrell 1994：23）。これは部分的には、小政党の支持者が増加した結果ともかかわる問題である。イギリスにおける選挙ボラティリティについて、ペデルセンの計算方式で算出したものが以下の図1である[1]。この指標は、スコアを算出するt期の選挙とt-1期の選挙の間での各党の得票率の変化を俯瞰するものである。図1から

80

図1　1951年から2015年までの選挙におけるボラティリティ

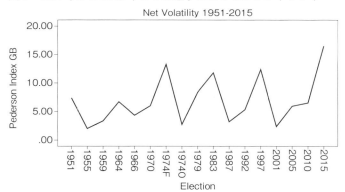

は、各年の選挙結果から算出される指数が1970年代以降に高くなってきた、つまり選挙ボラティリティが高まっていることを読み取ることができる。

　選挙制度改革の議論が再燃した背景として3点目に、小政党の選挙パフォーマンスの向上と関係した問題を挙げることができる。具体的には、イギリスの選挙で1970年代以降、各政党の得票数と配分される議席数の間のゆがみが大きくなってきた。本稿では、このゆがみについて、各政党の議席占有率と得票率を比べるDV値を通じて測定する。表1は、2015年のイギリス下院選挙を例として、いかにDV値を求めるのかについて示したものである。そして続く図2では、このDV値を通じて、選挙のゆがみがイギリスにおいて1945年から2015年の間で次第に大きくなってきていることを明示化させている。もちろん、この図から分かるように、どの選挙も得票率と議席配分率の完璧な比例を生み出していない。だが、小選挙区制が比例性のある結果を生み出しうることについて、イギリスの1950年代の事例から見てとることはできる。とはいえ、1970年代以降にとりわけ見いだせる選挙のゆがみは際立ったものであることも確かである。

　4点目に、選挙制度改革の議論が再燃した背景として、選挙区で50％以

---

1) この計算は、特殊な政治事情を反映させた政党システムをもつ北アイルランドについて除外して行っている。本稿では明示的な言及がない限り、イングランド、スコットランド、ウェールズの分析となっている。

表1　DV値の計算例（イギリス2015年選挙）

	得票率（％）	議席占有率（％）	ゆがみ
保守党	37.8	52.2	14.4
労働党	31.2	36.7	5.5
自由民主党	8.1	1.3	6.8
スコットランド国民党	4.9	8.9	4.0
プライド・カムリ	0.6	0.5	0.1
その他	17.5	0.5	17.0
合計	100.0	100.0	47.8

ゆがみの大きさ＝合計のゆがみ値/2=23.9

図2　1945年から2015年までの選挙のゆがみの推移

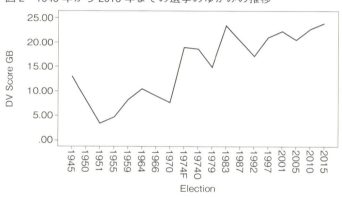

上の得票率を占めずに選出される議員が増えてきたことを指摘できる。当選者に相対多数の支持があることを求める小選挙区制の下、多数の人々が反対であった当選者の割合がイギリスでは年々増えてきている。図3はその傾向を示したものである。

　選挙制度改革の議論が再燃した背景として最後に、欧州議会の選挙制度を挙げることができる。1979年に直接選挙法が欧州議会で導入されてから1994年の欧州議会選挙まで、イギリスでは小選挙区制を使って欧州議会の議員を選んでいた。これに対して北アイルランドでは、少数派の意見代表を

第4章　イギリスの選挙制度改革

図3　絶対多数に支持されず当選した議員の割合の推移（1945-2015年）

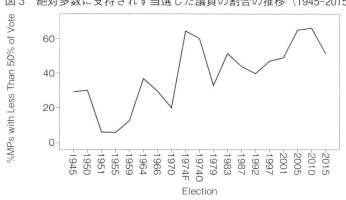

確保する目的で単記移譲式の選挙制度が欧州議会選挙で採用されてきた。この異なる選挙制度の容認は結果として、イギリスの選挙制度改革を重要な政治的トピックとして再び持ち上げることに寄与したと考えられるのである。

　1980年代のマーガレット・サッチャー率いる保守党は、しかしながら、選挙制度改革に賛同しておらず、その案が政治的アジェンダとして高位に位置することはなかった。ただし、その他の政治エリートの内では、選挙制度改革が大きな問題として残り続けていた。この問題意識は、長らく改革の必要性を問うてきた中道政党、中でも社会民主党・自由同盟が1983年、1987年選挙において躍進した後において大きなものとなっていた。

　また、野党第一党であった労働党においても選挙制度改革の見直しは重要なアジェンダとして持ち上がっていた。1987年選挙において、労働党は3度の選挙で立て続けに敗北することになった一方、1983年の大敗から幾分かの党勢立て直しが図られていた。ただし、そこには近い将来の選挙で労働党が勝つという兆しはなかった。この状況は、労働者委員会を選挙制度改革に駆り立てるものであっただろう。委員会は選挙制度改革のレポートを1993年に出して、補足投票制度を庶民院の選挙に、名簿式の比例代表制を欧州議会選挙に適月することを提案している（Margetts 2003：69）。

　1992年選挙で保守党が勝利していたことを伴って、この労働党のプランはすぐさま実施されることはなかった。しかし、1997年に労働党は再び政

権の座に返り咲く。ここにおいて、選挙制度改革の実現の可能性は高まっていただろう。ただし、労働党は小選挙区制の下で多数派の支持を勝ち得ていたため、再選可能性を減らす別の選挙制度を導入するとは考えにくかった。1987年のサーベイに基づくシミュレーションからは、他の選挙制度では労働党に不利なことが示されていた。

唯一、労働党の選挙パフォーマンスを向上させる例外的な選挙制度が優先順位付投票制であった（Dunleavy et al. 1998 : 227）。このシミュレーションの結果は、労働党と自由民主党の投票者がそれぞれの党を第一・第二選好にするという強いアンチ保守の票を想定するものであった。新しい労働党（ニューレーバー）の首相であるトニー・ブレアは、こうした中道左派のブロック形成に力を入れて、自由民主党を内閣委員会へ招致している。さらにブレアは、選挙制度改革のレポートをジェンキンス委員会に委託していた。もともと労働党で閣僚経験もあったロイ・ジェンキンスは、1981年に労働党から離党、社会民主党の新党結成に携わり、自由民主党に所属していた人物である。

ジェンキンス委員会は1998年にレポートを出して、国政選挙における選択選挙制（AV Plus）という選挙制度の使用を提言している。これは、①選挙区レベルの候補が優先順位付投票で選ばれて、②国レベルで党名簿が小選挙区比例代表連用制のように用いられる、という優先順位付投票制と小選挙区比例代表連用制の両方の特徴をもつものであった。保守党のリーダーであったウィリアム・ヘイグによって「めちゃくちゃ（a dog's breakfast）」とも評された選挙制度案であったが、労働党政権は、この選挙制度の採択に向けた国民投票の実施に注力した。しかし、この国民投票が行われることはなかった。これは自由民主党にとって裏切り行為であって、2010年選挙における選挙制度改革の見通しが提案された時の彼らのふるまいに影響をおよぼすものであった。

最終的に優先順位付投票制については、他の部分での憲法改正によって、イギリス国内で導入されることになった。また労働党がマニフェストで掲げていた、欧州議会選挙における拘束名簿式の比例代表制は1999年の選挙か

ら導入されるに至っている。加えてレファレンダムの結果として、スコット
ランド議会、ウェールズ議会、ロンドン議会、そしてロンドン市長の地位が
確立することになった。その際にスコットランド、ウェールズ、ロンドンで
小選挙区比例代表連用制、北アイルランドで単記移譲式、そしてロンドン市
長選では補足投票制度が採用されている。

　これらが意味するところは、イギリスの選挙で逸脱が増えたということで
ある。これまでの選挙は小選挙区比例代表連用制のように比例性を重視する
ものでなく、単記移譲式や補足投票制度のように有権者の投票順序をつける
ものでもなかった。これと関連するように、選挙結果のゆがみと絶対多数に
支持されず当選した議員の数も継続的に増えていた。

　ただし選挙のゆがみと絶対多数に支持されず当選した議員は、あくまで有
権者がそれを問題として認識していた場合に限って問題となることを述べて
おくべきだろう。二大政党に票と議席が集中していた1950年代とは異なる
ものの、小選挙区制とは基本的に比例性を重んじる結果を生み出すためにデ
ザインされていない。選挙制度を評価する1つの指標として選挙のゆがみを
挙げることそれ自体は、改革を提唱する際に重要かもしれない。しかし、そ
れは必ずしも問題になるとは限らないのである。選挙のゆがみは、選挙が比
例性を重んじる結果を生み出すべきと考えるに限って問題となるのである。
もし選挙制度の目的がそもそも決定的な結果を生み出すことにあったとする
ならば、ゆがみの問題は大きなものとはならないのである。

5　なぜ2011年に国民投票（レファレンダム）が行われたのか？

　イギリスは概してレファレンダムの国ではない。確かに、ブレア労働党政
権が主導した憲法改正はスコットランド、ウェールズ、北アイルランド、ロ
ンドンにおける新しい統治様式の確立をめぐるレファレンダムを引き起こし
た。さらにはスコットランドで2014年に、独立の問題もレファレンダムに
委ねられることになった。だが、イギリスにおいて2011年までに実施され
た国民投票とは、1975年の欧州経済共同体（欧州共同体（訳者注））に残る

第2部　西ヨーロッパ主要国と欧州連合の状況

かどうかの1回限りであった。

　2017年現在までにイギリスでは3回の国民投票があった。それは1975年、選挙制度改革の是非を問うた2011年、そして欧州連合に留まるか否かを問うた2016年である。これらのケースに見る国民投票の決定とは、政治的な原則の問題を伴うというよりは、政治的な自己利益を伴うものであった。2011年国民投票の決定、および有権者に提示された選択肢も例外ではなく、政治的な利益というレンズを通じて理解されるべきであろう。

　この国民投票は、2009年の議員経費に関するスキャンダルに端を発するものであった（van Heerde-Hudson 2014）。確かに、このスキャンダル自体は選挙制度と直接的に関係するものではなかったが、再発を防ぐ改革について考えさせる契機にはなっている（Curtice 2011：14）。そこでは、選挙キャンペーンの努力を怠っても問題ない安全な1人区を脅かすという考えが土台にあった。再選の保障された候補を効果的に罰することができない有権者の目線から、議員の活動を活性化させるための議論が進められたのである。

　国民投票実施の2つ目の理由は、自己利益に関する政治学の教科書的なものである。労働党は12年間与党でいたが、全盛期を支えたリーダーは既におらず、2010年選挙の敗北の可能性について深刻に考えられていた。ゴードン・ブラウンが2007年にトニー・ブレアの後任となった時、彼は人気のある党首であった。しかし彼の人気は、2007年の早期選挙実施にまつわるコメントとその後の経済危機によって急落していくことになった。

　金融危機対策のために遂行された労働党政権の政策とは、2009年、有権者に労働党の経済運営力を認知してもらおうとするものであった。しかし2010年5月までに選挙を行わなくてはならないために、猶予期間はすぐさま切れてしまった。この結果、労働党は選挙制度改革を、2010年選挙での潜在的な連立パートナー・自由民主党を引きつける手段として提示した（Curtice 2011：14）。そこでは、主要3政党の全てが2010年選挙マニフェストに選挙制度について書き添える事態となった。労働党は国民投票を通じた優先順位付投票制の導入を掲げたのに対して、保守党は小選挙区制の維持を公約に、そして自由民主党は単記移譲式の導入を主張していた。

86

第4章　イギリスの選挙制度改革

　労働党の選挙制度改革の誓約は自己利益に駆り立てられたものであったが、そのマニフェストは自由民主党のものと比べれば野心的なものでなかった。これと関連して、自由民主党と労働党の関係はブレア政権期のように良好なものではなくなっていたことも指摘できる。イラク戦争に反対して、自由民主党の党首に選ばれたニック・クレッグは、自党のアンチ保守党の立場の批判として、労働党・保守党と等しく距離を置く政策に転じることを目論んでいた。

　国民投票実施の3つ目の理由は、2010年選挙の結果と関係している。この選挙では議会の過半数を占める一党を作り出すことができなかった。これは第二次世界大戦以降、1974年2月の選挙のケースに続く2度目の出来事であった。保守党は議会第一党であったが、過半数を握るには議席数が足りていなかったのである。少数政権による統治が現実的な選択肢ではなく、さらには保守党が掲げていた経済政策の問題から、保守党と自由民主党の連立のみが描きうる唯一のシナリオであった。

　労働党にとって自由民主党との連立とは、他の全ての小政党も含まなければならないことを意味していた。それは緑の党、プライド・カムリ、そしてスコットランド国民党を包含した「虹連合（rainbow coalition）」と呼ばれるものであった。しかも、この連立は北アイルランドの政党が参加しない限り、議会過半数に達するものではなかった。

　ただし、この状況は自由民主党が保守党と組むことを必ずしも決定づけるものではなかった。選挙制度改革に関して、労働党は優先順位付投票制を提案していたのに対して、保守党は国民投票の実施を前提にした優先順位付投票制の導入をオファーした。その代わりとして保守党は、自由民主党に選挙区の区割り改革に関する確約を望んだ。これは庶民院の議席数を減らして、選挙区人口の規模を均等にすることを試みるものであった。そして、この点は連立協定における公的な内容として認められることになった。

　改めて振り返ると、2011年国民投票の決定とは選挙制度改革への原則的な取り組みというよりは、政治的な自己利益に基づくものであったことを見てとれる。第一に、国民投票にかけられることになった優先順位付投票制と

87

第2部　西ヨーロッパ主要国と欧州連合の状況

いう選択肢は妥協の産物であった。多数決型の選挙制度として、これに現行のものと原理的に異なるものではなく、あくまでも議席は各1人区で決まる。そのため、比例性を重んじるような選挙制度ではなかったといえよう。だが重要なのは、この選挙制度の選択肢が自由民主党にとって、ないしは多くの選挙制度改革の推進者にとって好ましいものでなかったことである。そのため、保守党との連立の署名に際して、自由民主党のリーダーであるニック・クレッグは狼狽する支持者への対応を行っていたという（Curtice 2011：15）。

　第二に、自由民主党は国民投票を可能な限り速やかに行うことを求めていた。自由民主党は、国民投票が約束されていたにもかかわらず具体化しなかったジェンキンス委員会のケースを教訓としていた。そのため、この党は連立パートナーである保守党が約束を破り捨てる前に、国民投票に関する意見のとりまとめに動いていた。

■ 6　2011年国民投票のキャンペーン

　ここまで述べてきた要因は、国民投票のキャンペーンを展開する上で重要であった。まず、改革推進派が望んでいた選挙制度とは異なるものが提案された国民投票、その早期実施は、選挙制度改革に肯定的な YES キャンペーンの展開へ向けた準備不足を引き起こした。加えて、国民投票は改革推進派にとって重要であったものの、この選挙制度改革案は有権者にとって大きな問題関心となっていなかった（Curtice 2011：15；Laycock et al. 2013：212）。そのため、投票率は低いことが予期されて、現状維持という予測が優勢を占めていた。この点は、有権者にとって関心の薄いどの問題を国民投票にかけるべきなのか、という問題を喚起するかもしれない。しかし2011年国民投票とは保守党が果たした約束であったため、そうした議論はあくまでも学術的なものであるといえるだろう。

　また、多くの条件が現状維持にとって好ましいものであったことを指摘できる。労働党は、この問題で内部分裂を起こしていた。確かに、2010年選挙の党マニフェストとして国民投票の実施と優先順位付投票制の導入は掲げ

88

られていたが、この誓約はあくまでも政治的な自己利益に基づくものであった。そのため、労働党内での意見対立は驚くべきことではなかったといえる。

　自由民主党は、自党の掲げた選挙制度案でなかったものの、改革を推進することに関しては一貫していた。ただし国民投票の時には、自由民主党およびその党首であるニック・クレッグの人気は下がりはじめていた。これは一般的に、連立のジュニアパートナーの直面する問題の一つといえるものである。イギリスのケースでは、自由民主党の人気が2010年秋の予算審議で急落した。そして人気の低迷は、大学生の学費を大きく引き上げる法案の可決に際しても続いた。この政策に関していえば、そもそも2010年選挙時の自由民主党の立場では賛成できるものではなかったのである。ここにおいて自由民主党は、選挙制度改革に反対するNOキャンペーン側が有利になるきっかけを与えたとみなすことができるのである。

　選挙制度改革に肯定的であった賛成派のキャンペーンは、3つの鍵となるメッセージを発信していた。それは、①優先順位付投票は議員候補をより勤勉にさせる、②この選挙制度は議員にとって安全である選挙区を減らす、③そしてこの制度は有権者の声をより反映させる、というものであった。

　あるポスターではイギリス国民党が反対派のキャンペーンを支持しているので、賛同の意思表示は極右と戦うことを意味すると強調していたものの、賛成派のキャンペーンはおおむね選挙制度改革の肯定的な面に光が当てられた。しかし、このキャンペーンは全体として、上述の3つの鍵となるメッセージに苦しめられることになった。

　まず、優先順位付投票制の導入によって議員がより勤勉になるというメッセージを有権者は信じていなかった（Curtice 2011：16）。次に、選挙制度の改革推進派は優先順位付投票制を好ましいとは思っておらず、あくまでも比例代表制を導入するための踏み台と考えていた。これは改革推進派にとって一つの動機になったかもしれない。だが、提案された選挙制度改革案に関心がない、ないしは固執していない有権者にとっては非生産的なものであった。3つ目に最も重要な点として賛成派のキャンペーンは、現状維持を支持

第2部　西ヨーロッパ主要国と欧州連合の状況

する人々の効果的な反対派のキャンペーンに対してうまく反論できなかった
ことを挙げることができる。

　反対派のキャンペーンは優先順位付投票制への反対として、4つの鍵とな
るメッセージを発信していた。それは、①優先順位付投票の導入にコストが
かかり過ぎる、②不必要に複雑である、③ほとんど使用されていない選挙制
度である、④そして不公平な結果を生み出す、というものであった。

　優先順位付投票の導入に際して、票計算の機材設備費に2億5千万ポンド
という多額のコストがかかることを主張するのはとても効果的であった。こ
の賛成派のキャンペーンとの争点になったメッセージは有権者と強く共鳴し
た（Curtice 2011：16）。一連のポスターにおいて、こうした票計算機材の設備
コストは軍や病院での設備投資をないがしろにするものとして描かれたので
ある。

　選挙制度の複雑さに目を向けることは、優先順位付投票制や単記移譲式な
どの選好投票の制度に内在する本質的な問題に光を当てることでもあった。
選好投票では例えば、上位・下位の候補者のランキングをつけなければなら
ない難しさがあり、第一選好でない候補が勝利する可能性も考えなければな
らないのである。

　3つ目の優先順位付投票制が世界的に普及していない選挙制度というメッ
セージは、その制度が好ましいものでなかったことについて問いかけるもの
であった。これに関連するポスターでは、世界の中でパプアニューギニア、
フィジー、オーストラリアの3か国のみで優先順位付投票制が使われている
ことが示されていた。

　最後に、この選挙制度が不公平を生み出すというメッセージは、自由民主
党のような小政党に利益が集中するだろうという考えに基づいていた。この
議論では、小選挙区制の1人1票のルールと比べた時に見いだせる、優先順
位付投票制を通じて生じる小政党への高い支持という帰結に目が向けられて
いた。大政党の支持者が1票しか持たない一方で、小政党の支持者には実質
的には複数回の投票機会があるのではと考えられたのである。これは有権者
に誤解を与えうるものであったが、メッセージ自体は自由民主党とニック・

クレッグの人気を貶めるのに効果的なものとなったのである。

7 2011年国民投票の結果

国民投票の結果は大方の予想通りのものであった。優先順位付投票制を導入することへの反対68%という結果とともに、反対派のキャンペーンが勝利した（右の表2を参照）。そこでは低い投票率も目を引くが、選挙分析において、投票率の高低

表2 国民投票の結果
(%)

賛成	32.1
反対	67.9
投票率	42.0

が結果を左右しうるものであったとは考えにくいと提起されている（Whiteley et al. 2012：312）。ただし、当時の政治情勢は選挙制度改革に賛同する票数を削ぐものであったとは考えられる。国民投票に関する報道は相対的に少なかったものの、メディアは自由民主党の党首ニック・クレッグに対する否定的な視点とともに動員された有権者のキャンペーンについて伝えていた。これによって、選挙制度改革への賛成票が減じてしまったという（Stevens／Banducci 2013：280-281）。また選挙を優勢に進める上での「地上戦」の影響は小さかったとされるが（Rallings et al. 2013：288, 291-292）、改革反対派は放送電波などによる活動とは異なる「地上戦」で多くの資源を活用することができていた。

8 2011年国民投票のインプリケーション

選挙制度改革の推進派にとっての壊滅的な結果は、短期的・長期的に爪痕を残すものとなった。短期的に見れば、賛成派のキャンペーンの実施とその結果は、連立する政党間の関係を悪化させた。例えば、自由民主党が考えていた貴族院の改革や保守党の考えていた選挙区割りの改革は立ち消えとなっている。他方で長期的に見れば、この結果によって、選挙制度改革が少なくとも向こう20年間は政治的なアジェンダとならなくなってしまった。

現状からすると、どこから選挙制度の改革案が出てくるのか不透明であ

第2部　西ヨーロッパ主要国と欧州連合の状況

る。その理由としてまず、改革反対派の保守党が2015年選挙で多数派となったことを挙げることができる。

　また改革推進派の自由民主党は、2015年選挙で57議席から8議席へ大きく後退してしまったことを指摘できる。自由民主党は現状において政権に参画しておらず、また与党に対する強い交渉力を持ち合わせているわけでもないのである。

　3点目に2015年選挙とは、人気の落ちてきた自由民主党という世論を反映するものであった。この選挙では、自由民主党と対照的に、2014年レファレンダムを通じて独立しなかったものの、それを主導して、スコットランドで59議席中56議席を得たスコットランド国民党の躍進を見てとることができる。なお、こうした党勢は自由民主党より多くの票数を占めたものの1議席の獲得にとどまったイギリス独立党に影響を及ぼすものでなかった。選挙制度改革に対する一致団結した支持を得ることが難しいことから、イギリス独立党は中道左派に多い改革推進派にとっての関心の的にはならなかったのである。

　4点目に、労働党が選挙で大敗を喫したことを挙げることができる。2015年選挙で負けて、その後に選ばれた党首も不人気であった。労働党のリーダーシップに関する抜本的変化がない限り、中期的には労働党の選挙結果を改善することは難しいだろう。これは、選挙制度改革の議論を再燃させるきっかけとなりうる少数派議会（hung parliament）の発生が考えにくいことを意味している。

　5点目として、2011年国民投票が選挙制度の再評価であったとするならば、優先順位付投票制とは有権者によって完全に否定されたとみなすことができる（Curtice 2011：17）。そのため、改革反対派として保守党がオプションとするかもしれない多数決制・補足投票制度などの案と比べて、優先順位付投票制を将来的な国民投票でのプランとして想定することは難しくなっている。

　最後に選挙制度改革それ自体とかかわりを持たないが、欧州連合脱退に関する国民投票を受けて、今後において国民投票が活用されなくなることを考

えられる。2016年の欧州連合脱退および2014年スコットランド独立に関するレファレンダムでは、票が大きく割れてしまった。また、政権与党は勝てる見込みのある国民投票のみを行う傾向があったため、欧州連合脱退という結果は大きな衝撃を与えるとともに、望まない政策課題を残すものにもなったといえる。

以上から選挙制度改革論の再燃の是非は不透明であるが、政権与党が変更を支持する場合、改革は生じるかもしれない。しかし現状において、それはとても可能性の低いものである。

9 結　論

選挙制度改革はイギリスにおいて目新しい議論ではない。この議論は、選挙における変化を通じて周期的に重要なトピックとなってきた。しかし、その問題は政治的な原則というよりも、主要政党の政治的な自己利益を考慮した上で大々的に取り上げられてきた。そのため、様々な憲法改正に向けた提言は日々の有権者の生活と結びつく問題になっていない。

2011年国民投票での改革賛成派のキャンペーンの悲惨な結果は、今後の選挙制度改革の見通しをとても不透明にするものであった。投票者が多数決型の選挙制度を明確に否定して、より比例性を重んじる選挙制度を求める運動が盛んになる可能性は低いのである。

しかし2011年の結果を説明する要因とは、全てが選挙制度改革それ自体の落ち度であったというわけではない。2010年以降、自由民主党の人気が急落していたことは投票者の意思決定において重要なポイントであった。同様に、政党の改革に対するシグナルの不均等さも現状維持を望んだ反対派に有利に働くものであった。そして最も重要な点は、賛成派のキャンペーンが反対派のキャンペーンに対して無力であったことだろう。この点は、これまで選挙制度改革を推進してきた人々は、こうした反対に直面することがとてもまれであったという問題を投げかけている。

新しい選挙制度案を並べた様々なキャンペーンに直面して、2011年の賛

成派のキャンペーンは挫折してしまった。これを踏まえた現状では、どこから選挙制度の改革案が出てくるのかについて見通すことがとても難しい。このことは、向こう20年間において選挙制度改革が政治的なアジェンダから外れることを示唆するものである。

<参考文献>

Curtice, John. 2011. "The Death of a Miserable Little Compromise The Alternative Vote Referendum." *Political Insight* **2**(3)：14-17.

Dunleavy, Patrick, Margetts, Helen, O'Duffy, Brendan, and Weir, Stuart. 1998. "Remodelling the 1997 General Election: How Britain Would Have Voted Under Alternative Electoral Systems." In *British Elections & Parties Review Volume 8*, eds. David Denver, Justin Fisher, Philip Cowley, and Charles Pattie. London: Frank Cass, 208-229.

Farrell, David. M. 1994. *Comparing Electoral Systems*. Hemel Hempstead: Prentice Hall.

Fisher, Justin. 1996. *British Political Parties*. Hemel Hempstead: Prentice Hall.

Laycock, Samantha, Renwick, Alan, Stevens, Daniel, and Vowles, Jack. 2013. "The UK's Electoral Reform Referendum of May 2011." *Electoral Studies* **32**：211-214.

Margetts, Helen. 2003. "Electoral Reform." In *Central Debates in British Politics*, eds. Justin Fisher, David Denver, and John Benyon. Harlow: Longman, 64-82.

Rallings, Colin, Thrasher, Michael, and Borisyuk, Galina. 2013. "Local Campaign Activity and Voting." *Electoral Studies* **32**：285-293.

Stevens, Daniel, and Banducci, Susan. 2013. "One Voter and Two Choices: The Impact of Electoral Context on the 2011 UK Referendum." *Electoral Studies* **32**：274-284.

van Heerde-Hudson, Jennifer. ed. 2014. *The Political Costs of the 2009 British MPs' Expenses Scandal*. Basingstoke: Palgrave MacMillan.

Whiteley, Paul, Clarke, Harold D., Sanders, D. and Stewart, Marianne C. 2012. "Britain Says NO: Voting in the AV Ballot Referendum." *Parliamentary Affairs* **65**：301-322.

（訳：新川匠郎）

第5章	
	イタリアの選挙制度改革 ――その理念と現状
	芦田　淳

はじめに

　本稿では、2005年以降、国政選挙の基本的な制度となっている多数派プレミアム付比例代表制を主な素材として、イタリアの選挙制度改革の理念と現状を分析する。ここでいう多数派プレミアム付比例代表制とは、一定の領域（下院の場合は全国、上院の場合は各州）で最も多く得票した候補者名簿（つまり、政党）に対して、得票に比例した議席を超え、総定数の約55％の議席（＝多数派プレミアム）を与える制度である。ただし、憲法裁判所の一部違憲判決を受け、下院選挙では多数派プレミアムを獲得するための得票要件が追加される等の見直しが行われている。また、本稿では、多数派プレミアム付比例代表制が採用されるに至った背景として、イタリアにおける選挙制度の歴史も取り上げる。同国では、第二次世界大戦以前にも多数派プレミアム付比例代表制を導入したことがあった。また、1948年に施行された現行憲法の下、両院の権限は対等であり、1960年代に任期も5年に揃えられたことから、両院でほぼ同様の選挙制度が選択されてきた[1]。大統領は、一院のみ解散することもできるが[2]、常に同日選挙が実施されており、一種の一院制的とも言える運用が行われている。このほか、憲法改正案を含め、広義の選挙制度改革の動向に関しても検討を加える。

---

1) 両院の間で異なっているのは、下院の選挙権年齢が18歳、被選挙権年齢が25歳であるのに対して、上院の選挙権年齢が25歳、被選挙権年齢が40歳であることと、上院議員は、州を基礎として選出されることが憲法で定められていること程度である。
2) イタリアの特色として、上院も解散があり、その代わりに政府を不信任することができる。

95

第 2 部　西ヨーロッパ主要国と欧州連合の状況

1　従来の選挙制度

（1）国家統一からファシズム期までの制度

　まず、はじめに、19 世紀半ばのイタリア統一前後からファシズム期に至る選挙制度の歴史を確認してみよう[3]。イタリア統一当時、上院が王族と勅選議員により構成されていたのに対して、下院は国民代表として、直接選挙が認められていた。1848 年の下院選挙法[4] によれば、下院の選挙権は、25歳以上の男子で、識字能力があり、かつ、一定額の納税を行っている者に認められ、全人口の約 2％が有権者となった。選挙制度は、小選挙区 2 回投票制が採用された。1882 年には大選挙区連記投票制に改められたが[5]、1891年に再び小選挙区 2 回投票制とされ[6]、翌年には得票要件が有権者数の 6 分の 1 で、かつ、投票数の過半数とされた[7]。20 世紀に入ると、1912 年には、30 歳以上の男子普通選挙が認められた[8]。1919 年には、比例代表制が導入され、議席配分はドント式で行い、候補者に対する選好投票に加え、定数に満たない候補者名簿に対して他の候補者名簿の候補者を記入することも認められた[9]。ファシスト政権の下、1923 年には、多数派プレミアム付比例代表制が導入され[10]、1928 年には、ファシズム大評議会が指名した候補者名簿に対して賛否のみを示す制度とされた[11]。

---

3)　本段落の記述に際しては、池谷（2015）を参照した。

4)　Regio decreto（R.D.）17 marzo 1848, n. 680, il Regolamento per le elezioni dei Deputati.

5)　R.D. 21 settembre 1882, n. 999, il testo unico della legge elettorale politica.

6)　Legge（L.）5 maggio 1891, n. 210, Modifiche alla legge elettorale politica e ritorno al collegio uninominale.

7)　L. 28 giugno 1892, n. 315, portante alcune modificazioni alla legge elettorale politica del 24 settembre 1882, n. 999 e 5 maggio 1891, n. 210.

8)　L. 30 giugno 1912, n. 666, contenente il nuovo testo unico della legge elettorale politica.

9)　L. 15 agosto 1919, n. 1401, concernente modificazioni alla legge elettorale politica.

10)　L. 18 novembre 1923, n. 2444, Modificazioni alla legge elettorale politica, testo unico 2 settembre 1919, n. 1495.

(2)「第一共和制」期の制度

　第二次世界大戦後、1946 年には、憲法制定議会議員の選挙制度が比例代表制とされ、選挙権を成年に達した（女性を含む）イタリア市民、被選挙権を同じくイタリア市民で 25 歳以上の者に与えた[12]。新たに制定された憲法における両院に関する規定は現在のそれと大きく変わらないが、異なる点として、議員定数は人口に応じて変動し、上院の任期は下院と異なり 6 年であった[13]。下院選挙は比例代表制とされ[14]、上院選挙は小選挙区制であったが、後者において、小選挙区で 65% という得票要件が設けられ、それを満たす候補者がいない場合には、州を単位として政党ごとに集計された得票に基づいてドント式による議席配分が行われた[15]。このため、上院選挙制度も実質的には比例代表制として機能した。その後、1953 年に下院選挙に多数派プレミアム付比例代表制を導入する改革が行われたが[16]、機能しなかったため、翌年に廃止された[17]。こうした比例代表制に基づく選挙制度は、多党制をもたらした。また、成年とされている下院の選挙権年齢に関して、1975 年に成人年齢自体が 21 歳から 18 歳に引き下げられている[18]。

11）R.D. 2 settembre 1928, n. 1993, Testo unico della legge elettorale politica.

12）Decreto legislativo luogotenenziale 10 marzo 1946, n. 74, Norme per l'elezione dei deputati all'Assemblea Costituente.

13）議員定数を固定する等、いずれも 1963 年に現在の内容に改正された。

14）L. 20 gennaio 1948, n. 6, Norme per l'elezione della Camera dei deputati.

15）L. 6 febbraio 1948, n. 29, Norme per la elezione del Senato della Repubblica.

16）L. 31 marzo 1953, n. 148, Modifiche al testo unico delle leggi per l'elezione della Camera dei Deputati approvato con decreto Presidenziale 5 febbraio 1948, n. 26.

17）L. 31 luglio 1954, n. 615, Abrogazione della legge 31 marzo 1953, n. 148, punti dal I al IV.

18）L. 8 marzo 1975, n. 39, Attribuzione della maggiore età ai cittadini che hanno compiuto il diciottesimo anno e modificazione di altre norme relative alla capacità di agire e al diritto di elettorato.

第 2 部　西ヨーロッパ主要国と欧州連合の状況

(3) 1993 年制度改革とその帰結

近年では、1993 年と 2005 年に、大きな選挙制度改革が実施されている。
1993 年の改革は、議会及び政府の統治能力向上等を目的として、議員定数
の 75％を小選挙区制で選出し、25％を比例代表制で選出する混合型選挙制
度を導入した[19]。当該制度による選挙（1994 年・1996 年・2001 年）を通
じて、中道右派連合と中道左派連合からなる政党の「二極化」がもたらされ
た。その結果、有権者は、それまでの選挙後の政党間交渉による政権成立に
代えて、ひとまず選挙により政権を選択できるようになった。二大連合に対
する得票及び議席の集中も総じて進んだ。しかし、小選挙区部分において各
連合内部で候補者を統一し、連合内の小政党にも一定の議席を割り当てる運
用がなされ、1993 年改革は、政党の著しい多党化に対しては、一定の制約
を課すにとどまった。

▌2　多数派プレミアム付比例代表制に対する考察

(1) 2005 年選挙制度

① 下院選挙制度

　2005 年に当時の与党中道右派により導入された下院選挙制度（多数派プ
レミアム付比例代表制）[20] の概要は、次のとおりである[21]。まず、政党
は、選挙区[22] ごとに候補者名簿を提出し、議席配分は、比例代表方式に

---

19) L. 4 agosto 1993, n. 276, Norme per l'elezione del Senato della Repubblica, L. 4 agosto
　　1993, n. 277, Nuove norme per l'elezione della Camera dei deputati. その概要に関して
　　は、高橋（1996）を参照。
20) L. 21 dicembre 2005, n. 270, Modifiche alle norme per l'elezione della Camera dei
　　deputati e del Senato della Repubblica.
21) 次に述べる上院選挙制度とあわせ、2005 年選挙制度のより詳細な内容（特に回旋条
　　項の在り方）に関しては、芦田（2006）を参照。

よって行われる。候補者名簿は拘束名簿式で全選挙区に重複立候補可能、投票は一票制である。各政党は、候補者名簿提出時に、当該名簿の候補者名簿連合（統一候補者名簿ではない）との連結を宣言することができる。この候補者名簿連合は、政権を争う政党の集合と考えられ、導入当初、中道左派連合と中道右派連合が想定されていた。全国で最大の得票をした候補者名簿連合又は候補者名簿は、獲得議席数が340（全下院議席の約54％）に達しない場合に340議席が与えられ、その内部で一定の阻止条項を超えた候補者名簿の間で議席が配分される。残りの議席は、その他の候補者名簿連合等の間で比例配分される。阻止条項については、候補者名簿連合は全国で有効投票の10％以上、その内部の候補者名簿は全国で有効投票の2％以上、単独の候補者名簿であれば全国で有効投票の4％以上等と定められていた。公認された少数言語話者を代表し、少数言語話者の特別の保護を定めた特別憲章を有する州に含まれる選挙区の一つにおいてのみ提出された候補者名簿で、当該選挙区の有効投票の20％以上を獲得したものも議席の配分に参加する。

② 　上院選挙制度

　上院選挙制度は、下院選挙制度とほぼ同様であるが、その特徴として、1州を1選挙区としていること等が挙げられる。阻止条項として、候補者名簿連合は州ごとに有効投票の20％以上、連合内部の候補者名簿は当該州で有効投票の3％以上、候補者名簿連合に参加しない候補者名簿は当該州において有効投票の8％以上獲得する必要がある。多数派プレミアム制については、州ごとに最大の得票をした候補者名簿連合等に対して、その獲得議席が当該州の定数の55％に達しない場合に、当該州の定数の55％の議席を与えることとした。州ごとに多数派プレミアムを適用することについては、憲法第57条が上院議員は州を基礎として選ばれると定めていることが根拠となっているが、実際には、中道右派の党派的利害によるものとの指摘があった。

22）原則として州を単位とし、人口の多い州は2～3の選挙区として、全国を27の選挙区に分割している。

第2部　西ヨーロッパ主要国と欧州連合の状況

③　先行事例との比較

　多数派プレミアム付比例代表制は、少なくとも国レベルの選挙制度として
は、イタリア独自の色彩が強い制度である[23]。2005年より以前の立法例と
して、先述のとおり、1923年法律第2444号と1953年法律第148号がある。
この2つの事例と2005年法を比較すると、まず、第一に、多数派プレミア
ムが発動するための条件に違いがある。つまり、1923年法が最大得票した
候補者名簿が全国で有効投票の25％以上を獲得した場合と定め、2005年法
が相対多数を獲得した候補者名簿連合等としているのに対し、1953年法は
単独の候補者名簿又は候補者名簿連合の得票率が50％以上の場合と定めて
おり、前二者におけるプレミアムが多数派を形成するためのものであるのに
対して、後者のそれは多数派に安定議席を付与するためのものとなってい
る。第二に、多数派プレミアム制により与えられる議席の規模が異なる。
1923年法の場合は356議席（全議席の66.5％）、1953年法の場合は380議席
（全議席の64.5％）と、過去の事例では約3分の2の議席を付与していた[24]
のに対し、2005年法は全議席の約55％と定めていた。以上は国会レベルの
選挙法であるが、地方議会レベルでも、州議会選挙制度[25]や人口15,000人
以下のコムーネ（基礎自治体）議会の選挙制度[26]のような多数派プレミア
ム制の先駆けとなる事例が存在した。

---

23) 地方レベルであれば、フランスにおいて多数派プレミアム付比例代表制が定着してい
　るという興味深い指摘がある（増田2015：27）。
24) 1923年法に関しては、このプレミアムの規模と発動条件を踏まえ、人工的なプレミ
　アムにより、十分な得票をしたと言えない少数派を議会の多数派に変換するとともに、
　反対派を分裂したままにすることができるものと評されており（Maranini 1983：84-
　285）、1953年法に関しては、3分の2という数字が、現行憲法下の憲法改正について、
　議会における第2回目の表決後の国民投票を回避させる効果を持つものであるから、い
　わば一足飛びに憲法改正を実現させるものとして、選挙法改正としては問題があったと
　言える。
25) L. 23 febbraio 1995, n. 43, Nuove norme per la elezione dei consigli delle regioni a
　statuto ordinario.
26) Decreto legislativo 18 agosto 2000, n. 267, Testo unico delle leggi sull'ordinamento
　degli enti locali.

（2）2005年制度改革とその帰結

　2006年選挙において、各政党は、従来の中道左派及び中道右派の二大政党連合を拡大することで勝利を目指した。その結果、選挙に際して、非常に多くの政党から構成された二大連合による、ほぼ完全な「二極化」が生じた（表1）。

表1　2006年両院選挙結果
＜下院選挙結果＞

候補者名簿	得票数	得票率（%）	獲得議席数
フォルツァ・イタリア	9,045,384	23.709	137
国民同盟	4,706,654	12.336	71
キリスト教民主主義者連合（UDC）	2,579,951	6.762	39
北部同盟	1,748,066	4.581	26
キリスト教民主党−新イタリア社会党	285,744	0.748	4
その他（計）	610,661	1.599	0
中道右派連合（計）	18,976,460	49.739	277
オリーヴの木	11,928,362	31.265	220
共産党再建党	2,229,604	5.844	41
拳の中のバラ	991,049	2.597	18
イタリア共産主義者党	884,912	2.319	16
ディ・ピエトロ・価値あるイタリア	877,159	2.299	16
緑連盟	783,944	2.054	15
欧州民主主義者連合・人民党	534,553	1.401	10
南チロル人民党	182,703	0.478	4
その他（計）	589,398	1.542	0
中道左派連合（計）	19,001,684	49.805	340
その他（計）	172,902	0.45	0

出典等：内務省サイト〈http://elezionistorico.interno.it/index.php?tpel=C&dtel=09/04/2006〉
　　　　の数値に基づき筆者作成。なお、在外選挙区及びヴァッレ・ダオスタ選挙区の結
　　　　果については省略した。

第 2 部　西ヨーロッパ主要国と欧州連合の状況

＜上院選挙結果＞

候補者名簿	得票数	得票率（％）	獲得議席数
フォルツァ・イタリア	8,201,688	24.008	78
国民同盟	4,234,693	12.396	41
キリスト教民主主義者連合	2,309,174	6.759	21
北部同盟	1,530,366	4.479	13
その他（計）	877,335	2.562	0
中道右派連合（計）	17,153,256	50.212	153
左翼民主主義者	5,977,313	17.497	62
マルゲリータ	3,664,622	10.727	39
共産党再建党	2,518,624	7.372	27
ウニオーネ（連合）とともに	1,423,226	4.166	11
ディ・ピエトロ・価値あるイタリア	986,046	2.886	4
欧州民主主義者連合・人民党	476,938	1.396	3
消費者リスト	72,139	0.211	1
オリーヴの木	59,499	0.174	1
その他（計）	1,546,670	4.523	0
中道左派連合（計）	16,725,077	48.958	148
その他（計）	283,236	0.85	0

出典等：内務省サイト〈http://elezionistorico.interno.it/index.php?tpel=S&dtel=09/04/2006〉
　　　　の数値に基づき筆者作成。なお、在外選挙区、ヴァッレ・ダオスタ選挙区及びト
　　　　レンティーノーアルト・アディジェ選挙区の結果については省略した。

　これに対して、2008 年選挙においては、二大連合に加え、従来はその一
部であった政党が独自の候補者名簿（中道連合（UDC）及び虹の左翼等）
を提出し、主要な勢力は 4 つとなった[27]。投票の結果、二大連合を構成す
る政党が両院で支持を拡大した一方、阻止条項により、虹の左翼等は議席を
激減させた。そこでは、多数派プレミアムを争う二大連合への投票を促すこ
とにより、阻止条項と相俟って、二極化を強化する効果が示された（表 2）。

27）この経緯に関しては、芦田（2008：1498-1499）を参照。

第 5 章　イタリアの選挙制度改革

表 2　2008 年両院選挙結果

＜下院選挙結果＞

候補者名簿	得票数	得票率（%）	獲得議席数
民主党	12,095,306	33.18	211
価値あるイタリア	1,594,024	4.37	28
中道左派連合（計）	13,689,330	37.55	239
自由の人民	13,629,464	37.38	272
北部同盟	3,024,543	8.30	60
自治のための運動	410,499	1.13	8
中道右派連合（計）	17,064,506	46.81	340
中道連合	2,050,229	5.62	36
南チロル人民党	147,718	0.41	2
虹の左翼	1,124,298	3.08	0
その他（計）	2,381,173	6.55	0

出典等：内務省サイト〈http://elezionistorico.interno.it/index.php?tpel=C&dtel=13/04/2008〉の数値に基づき筆者作成。なお、在外選挙区及びヴァッレ・ダオスタ選挙区の結果については省略した。

＜上院選挙結果＞

候補者名簿	得票数	得票率（%）	獲得議席数
民主党	11,042,452	33.69	116
価値あるイタリア	1,414,730	4.32	14
中道左派連合（計）	12,457,182	38.01	130
自由の人民	12,511,258	38.17	141
北部同盟	2,642,280	8.06	25
自治のための運動	355,361	1.08	2
中道右派連合（計）	15,508,899	47.32	168
中道連合	1,866,356	5.69	3
虹の左翼	1,053,228	3.21	0
その他（計）	1,888,674	5.77	0

出典等：内務省サイト〈http://elezionistorico.interno.it/index.php?tpel=S&dtel=13/04/2008〉の数値に基づき筆者作成。なお、在外選挙区、ヴァッレ・ダオスタ選挙区及びトレンティーノ＝アルト・アディジェ選挙区の結果については省略した。

第2部　西ヨーロッパ主要国と欧州連合の状況

　2013年選挙においても、二大連合に加え、「五つ星運動」及びモンティ首相（当時）の「市民の選択」が参入したため、実質的に4勢力間の競合となった。しかし、ここでは、得票自体が分散し、遂に上院で過半数を占める多数派を欠く事態を招くこととなった（表3）。

表3　2013年両院選挙結果
＜下院選挙結果＞

候補者名簿	得票数	得票率（%）	獲得議席数
民主党	8,646,034	25.43	292
左翼・環境・自由	1,089,231	3.20	37
民主中道	167,328	0.49	6
南チロル人民党	146,800	0.43	5
中道左派連合（計）	10,049,393	29.55	340
自由の人民	7,332,134	21.56	97
北部同盟	1,390,534	4.09	18
イタリアの同胞	666,765	1.96	9
その他（計）	534,167	1.58	0
中道右派連合（計）	9,923,600	29.18	124
五つ星運動	8,691,406	25.56	108
市民の選択	2,823,842	8.30	37
中道連合	608,321	1.79	8
その他	159,378	0.47	0
中道勢力連合（計）	3,591,541	10.56	45
その他（計）	1,749,815	5.12	0

出典等：内務省サイト〈http://elezionistorico.interno.it/index.php?tpel=C&dtel=24/02/2013〉
　　　　の数値に基づき筆者作成。なお、在外選挙区及びヴァッレ・ダオスタ選挙区の結果については省略した。

＜上院選挙結果＞

候補者名簿	得票数	得票率（%）	獲得議席数
民主党	8,400,851	27.44	105
左翼・環境・自由	911,486	2.98	7
メガフォン－チェック・リスト	138,564	0.45	1

その他（計）	234,536	0.77	0
中道左派連合（計）	9,685,437	31.63	113
自由の人民	6,828,994	22.30	98
北部同盟	1,328,534	4.34	17
偉大な南部	122,262	0.40	1
その他（計）	1,125,862	3.67	0
中道右派連合（計）	9,405,652	30.72	116
五つ星運動	7,286,550	23.80	54
中道勢力連合	2,797,734	9.14	18
その他（計）	1,442,528	4.71	0

出典等：内務省サイト〈http://elezionistorico.interno.it/index.php?tpel=S&dtel=24/02/2013〉
の数値に基づき筆者作成。なお、在外選挙区、ヴァッレ・ダオスタ選挙区及びト
レンティーノ－アルト・アディジェ選挙区の結果については省略した。また、中
道勢力連合は、上院選挙では統一候補者名簿を提出している。

(3) 2005 年選挙制度の問題点

　続いて、以上の選挙結果に即して、2005 年選挙制度の問題点を考えてみ
たい。まず、2006 年及び 2008 年選挙において、下院に関しては、5 割近く
得票した二大連合の一方が、全国単位の多数派プレミアムにより過半数の議
席を得た。これに対して、2013 年選挙は、得票率と議席率の乖離が拡大し、
投票意思の議席への正確な反映という面で負の影響が大きくなっている。上
院に関しては、一部の州を除き、州を単位とした多数派プレミアム付与を定
めていたため、最終的な多数派形成を必ずしも保障するものでなく、与野党
の議席差が僅少になる可能性も高いことが、制定当初から批判されてきた。
2013 年選挙では、州単位の多数派プレミアムが投票意思の議席への正確な
反映を犠牲にしながら（表 4）、全国集計をした議席が政権の安定（安定し
た多数派及び下院と同一の多数派の形成）を保障するものでもないことがあ
らためて露呈された。そして、2013 年のように 4 勢力による競合は、僅か
な得票差でも、最多得票の勢力とその他の勢力に（従来の競合より）大きな

第2部　西ヨーロッパ主要国と欧州連合の状況

議席差を生じさせる。そのため、いずれかの勢力がほぼ全ての州、特に定数の多い州（多数派プレミアムによる議席差の大きい州）で勝利しない限り、上院で安定した多数派は得られない状況となっていた。対等な二院制のイタリアにおいて、両院における構成の相違は、政権の樹立及び運営に当たって深刻な問題である。

表4　各州における多数派プレミアム配分（2013年上院選挙）

州名		中道左派連合	中道右派連合	五つ星運動	中道勢力連合	その他
ピエモンテ	得票率	29.8	29.3	25.7	11.6	3.6
	議席獲得率	59.1	18.2	13.6	9.1	0
ロンバルディア	得票率	29.7	37.6	17.4	10.7	1.5
	議席獲得率	22.4	55.1	14.3	8.2	0
ヴェネト	得票率	25.0	32.9	24.6	11.0	5.5
	議席獲得率	16.7	58.3	16.7	8.3	0
フリウリ－ヴェネツィア・ジューリア	得票率	29.3	28.8	25.5	12.3	4.1
	議席獲得率	57.1	14.3	14.3	14.3	0
リグーリア	得票率	33.0	24.1	30.3	9.4	3.3
	議席獲得率	62.5	12.5	12.5	12.5	0
エミリア－ロマーニャ	得票率	42.1	21.3	23.1	8.9	4.6
	議席獲得率	59.1	18.2	18.2	4.5	0
トスカーナ	得票率	43.5	21.3	22.7	8.1	4.4
	議席獲得率	55.6	16.7	22.2	5.6	0
ウンブリア	得票率	37.6	25.3	25.3	8.4	3.4
	議席獲得率	57.1	14.3	14.3	14.3	0
マルケ	得票率	33.2	22.3	30.3	10.0	4.2
	議席獲得率	62.5	12.5	12.5	12.5	0
ラツィオ	得票率	32.3	28.9	25.9	7.5	5.4
	議席獲得率	57.1	21.4	21.4	0	0
アブルッツォ	得票率	28.1	29.6	28.4	7.6	6.3
	議席獲得率	14.3	57.1	28.6	0	0
モリーゼ　※多数派プレミアム制の適用なし	得票率	30.2	30.1	26.6	8.4	4.7
	議席獲得率	50.0	50.0	0	0	0

106

カンパーニア	得票率	29.0	37.4	20.7	8.2	4.7
	議席獲得率	20.7	55.2	17.2	6.9	0
プーリア	得票率	28.5	34.5	24.1	9.1	3.8
	議席獲得率	20.0	55.0	20.0	5.0	0
バジリカータ	得票率	36.7	25.3	22.9	8.4	6.7
	議席獲得率	57.1	14.3	14.3	14.3	0
カラーブリア	得票率	31.7	33.3	22.2	7.6	5.2
	議席獲得率	20.0	60.0	20.0	0	0
シチリア	得票率	27.3	33.4	29.5	5.9	3.9
	議席獲得率	20.0	56.0	24.0	0	0
サルデーニャ	得票率	31.7	25.5	28.7	6.6	7.5
	議席獲得率	62.5	12.5	25.0	0	0
小計	得票率	31.6	30.7	23.8	9.1	4.8
	議席獲得率	37.5	38.5	17.9	6.0	0

出典等：内務省サイト〈http://elezionistorico.interno.it/index.php?tpel=S&dtel=24/02/2013〉の数値に基づき筆者作成。なお、在外選挙区並びに選挙制度の異なるヴァッレ・ダオスタ選挙区及びトレンティーノ＝アルト・アディジェ選挙区の結果については省略した。また、網掛けは、多数派プレミアム制適用により獲得された議席を示す。

（4）2014年憲法裁判所判決

このような多数派プレミアム制に対して、憲法裁判所は、2013年12月、違憲判決を下した[28]。下院に関しては、①多数派プレミアム制の目的の正当性を認めながら、②プレミアムの配分に対して適切な法定得票の定めの欠如により、投票価値の平等に反するほど得票率と議席率の差が大きいため、③投票意思に反して人民主権原理に背くばかりでなく、国会議員を国民代表と定めた憲法規定にも反するとして、④立法者は、その裁量に基づき、政権の安定性等の憲法上重要な目的を追求するに当たり、投票価値の平等、人民

28）Sentenza Corte costituzionale（Sent. Corte cost.）4 dicembre 2013, n. 1（2014）. より詳細な内容に関しては、芦田（2014）を参照。

第２部　西ヨーロッパ主要国と欧州連合の状況

主権、国民代表という憲法上の他の利益に対する制約を最小限にしなければ
ならないと判示した。上院の多数派プレミアム制に関しても、①法定得票の
定めの欠如は適切でなく、投票価値の平等に悪影響を及ぼしていること、②
各州の議席を単に合計する多数派プレミアム制は、全体として得票率と議席
率の逆転、両院の多数派のねじれを招き、議院内閣制や立法府の機能、ひい
ては上述の憲法上の利益を損なうおそれがあると指摘した。

　このほか、拘束名簿式であることに関しても、①選挙区規模が大きいため
名簿登載者数も多く、時に選挙人に候補者の認識が困難なこと、②全選挙区
に重複立候補が可能で、当選人は政党の指示に従い選出選挙区を選べるた
め、選挙人にとっては候補者名簿の登載順から予想しがたい候補者が当選人
となる可能性が高いことを問題とした上で、候補者に対する選好を選挙人が
表明するのを認めていない点が違憲とされた。

(5) 2015 年改革以降

① 　下院選挙制度

　以上の政治状況と憲法裁判所判決を踏まえ、2015 年、下院選挙に関して、
多数派プレミアム制等の見直しが行われた[29]。改正点としては、まず、多
数派プレミアムを付与する対象を、従来の候補者名簿連合ではなく、単独の
候補者名簿に改めた。候補者名簿自体に関しても、拘束名簿式から一部の例
外[30] を除いて非拘束名簿式に変更し、選挙人は、候補者名簿の選択に加
え、当該名簿に登載された者のうち２名まで（名前を記入して）選好投票を
行えるようになった[31]。また、多数派プレミアムの適用方法に関しても、
得票要件等が設けられている。つまり、全国で最多得票した候補者名簿の獲

---

29) L. 6 maggio 2015, n. 52, Disposizioni in materia di elezione della Camera dei deputati.
30) 候補者名簿の筆頭に登載された候補者（以下「筆頭候補者」）は、選好投票の対象に
　ならず、当該候補者名簿の中でまず当選者となる。また、筆頭候補者のみ重複立候補
　（最大 10 選挙区）が可能である。
31) このほか、国内を一部の例外を除いて 100 の選挙区に細分すること等を行っている。
　より詳細な内容に関しては、芦田（2015a）を参照。

108

第 5 章　イタリアの選挙制度改革

得議席が 340 議席未満である場合に、多数派プレミアムが適用されることに変わりはないが、次の二段階が設けられた。まず、全国で最多得票した候補者名簿に関して、その獲得議席が 340 議席未満であり、かつ、全国の有効投票のうち 40％以上を得ていた場合には、多数派プレミアムとして 340 議席を当該名簿に配分する。他方、得票率 40％以上の候補者名簿がない場合には、得票上位 2 つの候補者名簿[32] による決選投票を行い、得票の多い候補者名簿に 340 議席を配分することとした。残りの議席は、決選投票の有無にかかわらず、多数派プレミアムを配分された候補者名簿以外の名簿の間で、第 1 回投票の得票に比例して分配する。阻止条項に関しては、従来の下限を引き下げ、全国で有効投票の 3％以上を得た候補者名簿に議席を配分する。なお、公認された少数言語話者を代表する候補者名簿が、州憲章で当該話者の保護を定める特別州のみで提出された場合には、より低い得票率でも議席配分に参加できる特例があることは改正前と同様である。

② 　上院選挙制度

　先に述べたとおり、2005 年に制定された上院選挙制度は、多数派プレミアム付拘束名簿式比例代表制であった。しかし、憲法裁判所により、多数派プレミアム付与に関する規定が違憲とされたため、法改正がなされない限り、純粋な比例代表制による選挙が行われることになる[33]。加えて、選好投票（1 票）も認められることになる[34]。このような状況に対して、議会

32）なお、第 1 回投票と決選投票の間に候補者名簿を変更することは認められない。
33）候補者名簿連合の形成が認められることや、阻止条項に関しては、2005 年法から変更はない。
34）2014 年判決は、選好投票の導入に関して、法改正による場合のほか、行政規則により導入のための技術的な修正を行うだけでも可能とした。これに対しては、選好の記載方法や選好投票に基づく議席の決定に関して、選挙法の改正が必要との批判があった（Dickmann 2014：8-9）。しかし、両院の調査部による資料においても、選好を記載するための投票用紙見直しは行政規則のみで可能であり、選好投票に基づく議席の決定等に関しては、上院選挙法の「同法に定めていない事項に関しては、下院選挙法の規定を準用する」という規定に基づいて処理するとの解釈が示されるようになっている（Servizi studi Senato della Repubblica‐Camera dei Deputati 2016：20-21）。なお、従来認められていた重複立候補の規定を適用できるかについても議論が見られた。それ

109

は、2016 年憲法改正案[35]において、上院を現在の「国民代表」から「地域代表」に改めることで問題の解決を図ろうとしていた。当該改正案は、2016年 4 月に議会で可決された後、同年 12 月の国民投票で否決されたものの、次のような構想であった[36]。①上院議員の定数を 315 から 95 に削減し、選挙制度を直接選挙制から州（自治県を含む。）議会による間接選挙制に改める。②95 議席について、各州に最低 2 議席を配分し、その上で、基数式により、直近の国勢調査による各州の人口に比例して配分する。③州議会は、比例的な方法で上院議員を互選するとともに、各州内のコムーネの長の中から 1 名を選出する。その結果、95 議席の内訳は、州議会議員の互選による74 議席と、各州内のコムーネの長の中から選出された 21 議席となる。④上院議員の任期は、当該議員の州議会議員又はコムーネの長の任期と一致する。それ故、上院は、上院議員の任期満了に基づき、部分的かつ継続的に改選が行われる機関となる。

（6）2017 年憲法裁判所判決

2017 年 1 月、憲法裁判所は、2015 年の下院選挙制度に係る改正点のうち、決選投票等を違憲と判断した[37]。その判断は、次のように根拠付けられている。①相対多数を獲得した候補者名簿が行き過ぎた過剰代表とならない限り、多数派プレミアム制は認められる。（この点で、40％の得票要件

は、2014 年判決の趣旨に加え、上院選挙法が候補者名簿の提出に当たり下院選挙法の関係規定を遵守することを定めており、当該規定が重複立候補をより制約したものとなったためである（ibidem: 24-25）。

35) Testo di legge costituzionale approvato in seconda votazione a maggioranza assoluta, ma inferiore ai due terzi dei membri di ciascuna Camera, recante: «Disposizioni per il superamento del bicameralismo paritario, la riduzione del numero dei parlamentari, il contenimento dei costi di funzionamento delle istituzioni la soppressione del CNEL e la revisione del titolo V della parte II della Costituzione» in *Gazzetta Ufficiale della Repubblica Italiana*, 15 aprile 2016, n. 88, pp.1-17.

36) 2016 年憲法改正案による上院改革に関しては、さしあたり芦田（2015b）及び同（2017）等を参照。

37) Sent. Corte cost. 25 gennaio 2017, n.35.

は、妥当と考えられている。）②第1位及び第2位の候補者名簿による決選
投票も、それ自体として認められない訳ではない。③しかし、第1回投票で
僅かな得票であった候補者名簿でも決選投票に進むことができ、第1回投票
の得票に比して議席が倍増することになっても多数派プレミアムを獲得でき
ると認めることは、代表原理を歪めるものである。こうした規定は、改正前
の立法に対して2014年判決第1号において憲法裁判所が指摘した効果と同
様の歪曲効果をあらためて決選投票にもたらす。④それ故、得票の限られた
候補者名簿が稀であれ人工的に絶対多数を得ることは認められない。なぜな
ら、（政権の安定性に資するにとどまらず）当該安定性を保障するための、
代表制議会において統治を行う政治的多数派をつくり出すという目的の追求
が、下院議席の最終配分に際して、投票価値の結果における著しい不平等と
いう犠牲を払って行われており、憲法第48条第2項[38]（平等選挙原理）を
侵害しているからである。このほか、憲法裁判所は、重複立候補を認められ
た筆頭候補者が、複数の選挙区で当選した場合、自身で選出選挙区を選べる
点を、有権者による候補者選択を制約するものと考えて関係規定を違憲と
し、当面、くじ引きにより選出選挙区を決めることとした。なお、憲法裁判
所によれば、以上の違憲と判断された箇所を廃止しても、下院選挙法はすぐ
に適用可能である[39]。

(7) 評　　価

　以上の検討から、2015年改革は、①阻止条項の引下げにより少数政党の
議席獲得を可能にする一方、②単独の候補者名簿を主体とすることにより連
立政権を避けて政権の安定を図り、③得票要件を設定することにより国民の

---

38) 憲法第48条第2項は「投票は、個人的かつ平等であり、自由かつ秘密である。投票
を行うことは、市民の義務である」と規定している。

39) Corte costituzionale, *Decisione sulla legge elettorale cd. Italicum*, 25 gennaio 2017.
〈http://www.cortecostituzionale.it/documenti/comunicatistampa/CC_CS_
20170125174754.pdf〉これは、前掲注34）で指摘した点とあわせ、立法と司法の関係に
ついて実質的な問題を孕み得る。

第 2 部　西ヨーロッパ主要国と欧州連合の状況

意思と議席配分の乖離を一定程度緩和した上で、④国民による政権選択を志向するものと考えられよう。ただし、理念的に見れば、候補者名簿連合ではなく単独の候補者名簿を主体としたことは、有権者の選択肢の幅を狭めたと考えることもできる。つまり、改正前の制度であれば、有権者の意思に基づいて勝者たる候補者名簿連合を決定し（＝政権の選択）、かつ、その内部では各候補者名簿への議席配分を有権者の意思（得票）に比例して行うこと（＝政党の選択）が可能であった。これに対して、改正後の制度であれば、政権選択と政党選択のいずれかを優先させなければならない場合が出てくると思われる[40]。他方、2015 年改革で選好投票を認めたことは、有権者による候補者の選択を認めるという意味で評価できよう[41]。こうした政権の選択と政党・候補者の選択の両立という点を強調するならば、多数派プレミアム制とは、運用上の困難を伴うものの、代表性と統治能力（安定性）のよりよい均衡を図ろうとする制度と言うことができる。また、2015 年改革を含む、1993 年以降の比例代表制見直しの潮流の背後には、イタリアにおける比例代表制の弊害（選挙後、小政党を含む政党間の交渉により不透明な形で政権が形成され、その政権は安定性を欠いていたこと）への意識がある。

　さらに、政党の選択という点に関して、他国における小選挙区制と比較した場合には、得票率と配分議席の乖離が抑制されていると言えるのではないだろうか。まず、フランス下院の事例（大山 2013：154）を見てみよう。その選挙制度は、第 1 回投票で有効投票のうち、過半数、かつ、有権者数の25％以上を得た候補者が当選する。そのような候補者がいない場合には、1週間後に第 2 回投票を実施する。第 2 回投票には、第 1 回投票において12.5％以上の得票者が進む。12.5％以上の得票者が 2 人未満の場合は、上位 2 名で第 2 回投票を行う。そして、当該投票において比較多数の票を得た候補者が当選するという仕組みである。直近の 2012 年選挙の結果を見れば、

40）たしかに、選挙時に候補者名簿連合を形成した政党間の連携を選挙後も維持することは必ずしも容易ではなく、政権の安定にも直結する課題であるが、それは、議会法や政治資金規制の課題として考えることも可能であろう。例えば、芦田（2010）を参照。
41）以上の議論に関しては、自己決定には政権、政党、候補者それぞれの選択という三つの次元があると指摘する岡崎（2009）から大きな示唆を得た。

112

社会党が第 1 回投票において 29.4％の得票で 48.5％の議席、人民運動連合が同じく 27.1％の得票で 33.6％の議席を獲得している。その一方で、国民戦線は、第 1 回投票の得票率が 13.6％であるにもかかわらず 0.35％（2 議席）の獲得にとどまっている。また、イギリス下院について直近の 2015 年選挙では、保守党が得票率 36.8％で 50.8％の議席獲得、労働党が得票率 30.4％で 35.7％の議席獲得、スコットランド国民党が得票率 4.7％で 8.6％の議席獲得であるのに対して、イギリス独立党が得票率 12.7％で 0.2％（1 議席）を獲得するにとどまっている（三船・前田・日野・中井 2016：124）。以上の事例と比較すれば、多数派プレミアム付比例代表制は、中小政党に対して有権者の選択を（拡大するにせよ、縮小するにせよ）比例的に反映させて議席を配分するものであり、代表性の観点から見て一つの利点と考えることができるのではないだろうか[42]。

3 今後の見通し

今後の見通しに関して、イタリアでは、2018 年春に両院選挙が予定されているが、両院解散による繰上げ選挙の可能性もある。2017 年 3 月時点の主な世論調査によれば、中道左派の与党民主党と、中道左派と中道右派のいずれにも与しない五つ星運動が、いずれも 30％前後の支持を得て、第 1 党を争っている[43]。これに続くのが、中道右派連合を従来構成してきた諸政党（フォルツァ・イタリア、北部同盟、イタリアの同胞）であるが、各

---

[42] イタリアでも、1993 年の小選挙区・比例代表混合制の下での小政党の生き残りは、あくまで小選挙区での候補者統一という政治的戦術によるものであった。

[43] 具体的な数値は、以下のとおりである。五つ星運動 32.3％、民主党 26.8％、北部同盟 12.8％、フォルツァ・イタリア 12.7％、イタリアの同胞 4.6％（I Cinque Stelle mai così in alto Staccano il Pd di oltre 5 punti, *Corriere della Sera*, 17 marzo 2017, p.5.）、五つ星運動 30.3％、民主党 26.9％、北部同盟 11.9％、フォルツァ・イタリア 11.9％、イタリアの同胞 4.9％（EMG, Il sondaggio politico di lunedì 27 marzo〈http://tg.la7.it/listing/sondaggi〉）、五つ星運動 28.4％、民主党 26.5％、フォルツァ・イタリア 12.8％、北部同盟 12.4％、イタリアの同胞 4.7％（L'Istituto Ixè, Intenzioni di voto - 31 marzo 2017〈http://www.istitutoixe.it/2017/03/intenzioni-di-voto-31-marzo-2017/〉）

113

第 2 部　西ヨーロッパ主要国と欧州連合の状況

15％未満にとどまっている。このように、下院選挙においては、いずれの政党も 40％という多数派プレミアム獲得の得票要件を満たすことは難しい状況になっている。また、上院選挙制度に関しては、2014 年判決以降、見直しがなされていない。そのため、暫定的ではあるが、両院の選挙制度に、実質的に純粋な比例代表制とも言える状況にある。そして、五つ星運動が現状のように他党に対して非妥協的な姿勢をとれば、政権の樹立が困難となる可能性もある。

　こうした状況の中、議会ではすでに小選挙区制の再導入も含めたさらなる選挙制度改革が議論されている。まず、目を引くのは、民主党の一部による小選挙区・比例代表混合制を再導入しようとする動きである。2016 年 7 月に提案された際の案は、次のようなものであった[44]。まず、下院 630 議席のうち、475 議席（75％）を小選挙区制で配分する。続いて、在外選挙区において比例代表制により配分される 12 議席を除き、残りの 143 議席（23％）のうち、90 議席（14％）は多数派プレミアムとして全国で最大得票した候補者名簿又は候補者名簿連合（以下「候補者名簿等」）に配分、30 議席（5％）は野党強化のためのプレミアムとして第 2 位の候補者名簿等に配分、23 議席（4％）は得票率が 2％を超え、かつ、獲得議席が 20 議席未満の候補者名簿等に比例的に配分するとしている。また、ギリシャ国会の選挙制度をモデルとして、全議席の 15％程度を多数派プレミアムとして配分する案も民主党の一部から提案された[45]。ただし、いずれの案に対しても、50％を超える多数派の形成を保障するものでないことが指摘されている。このほか、新中道右派等からは多数派プレミアムを付与する対象を候補者名簿から候補者名簿連合に戻す案、五つ星運動からは多数派プレミアム制を設けない

---

44) Emilia Patta, La sinistra Pd lancia il «Mattarellum 2.0», gelo di Renzi, *Il Sole 24 Ore*, 20 luglio 2016, p.19, "Mattarellum 2.0, la minoranza dem propone una nuova legge elettorale," L'Unità.tv, 19 luglio 2016. 〈http://www.unita.tv/focus/mattarellum-2-0-la-minoranza-dem-propone-una-nuova-legge-elettorale/〉

45) Patta, *op.cit.*, Mappa delle proposte anti-Italicum, *Corriere della Sera*, 21 luglio 2016. 〈http://www.corriere.it/politica/cards/mappa-proposte-anti-italicum/i-giovani-turchi-puntano-sistema-greco.shtml〉

114

比例代表制とする案がこれまで提案されている。そして、2016 年憲法改正案が国民投票で否決されたことにより、あらためて上院選挙制度の改革を行うか否かが問われることとなった。また、当該改正案による二院制改革が実現せず、両院の権限は対等なままであるため、改革に当たっては、マッタレッラ大統領が 2016 年末の演説[46] で指摘したように、両院の選挙制度が同質なものとなるよう求められている[47]。

※本稿脱稿後の 2017 年 11 月、新たな両院選挙制度が定められた。その概略は、以下のとおりである。①両院とも、小選挙区・比例代表混合制とする。小選挙区制と比例代表制の比率は約 4 対 6 となっており、比例代表的な性格が強くなっている。②比例区において、候補者名簿連合を認める。また、比例区を細分するとともに、各候補者名簿の登載者数を原則として 2～4 名に限定する。③投票は一票制で、有権者は候補者名簿又は候補者名簿連合と連結した小選挙区候補者を 1 つのグループとして選択する。④小選挙区と比例区の得票計算は相互に独立して行われ、小選挙区では最多得票した候補者が当選する。比例区では、下院であれば全国、上院であれば各州を単位として、阻止条項を満たした候補者名簿等の間で議席が比例配分される。阻止条項は、候補者名簿であれば全国で有効投票の 3% 以上、候補者名簿連合であれば全国で有効投票の 10% 以上を獲得し、かつ、連合内部に得票率 3% 以上の候補者名簿が存在することである（一部例外あり）。⑤重複立候補に関しては、1 小選挙区及び 5 比例区まで認められるとしたほか、複数の選挙区で当選した場合の当選順位を法定した。⑥全体として見れば、改正前より両院の選挙制度の同質性が高まっている。

46）Presidenza della Repubblica, "Messaggio di fine anno del Presidente della Repubblica Sergio Mattarella," 2016.12.31. 〈http://www.quirinale.it/elementi/Continua. aspx?tipo=Discorso&key=525〉
47）仮に下院選挙で多数派プレミアムが発動しなかったとしても、2017 年判決以降の下院選挙制度と 2014 年判決以降の上院選挙制度を比較すると、候補者名簿連合の可否、重複立候補の範囲等、両者の間の差異が拡大している。

＜参考文献＞

Dickmann, R. 2014. 'La Corte dichiara incostituzionale il premio di maggioranza e il voto di lista e introduce un sistema elettorale proporzional e puro fondato su una preferenza（Prime osservazioni a Corte cost. 13 gennaio 2014, n. 1）', *federalismi.it* 2014（2）: 1-13.

Maranini, G. 1983. *Storia del potere in Italia* 1848-1967, Firenze:Nuova Guaraldi.

Servizi studi Senato della Repubblica - Camera dei Deputati. 2016. *Il sistema di elezione del Parlamento nazionale - L'evoluzione normativa e la disciplina vigente*, Roma: Senato della Repubblica - Camera dei Deputati.

芦田淳. 2006.「イタリアにおける選挙制度改革」『外国の立法』第 230 号, 132-147 頁.

同. 2008.「イタリアにおける選挙制度改革と立法の変容」『北大法学論集』第 59 巻第 3 号, 1475-1503 頁.

同. 2010.「海外法律情報 イタリア 議院規則改正の持つ意味」『ジュリスト』第 1409 号, 131 頁.

同. 2014.「海外法律情報 イタリア 統治機構改革の行方―憲法改正委員会最終報告書と両院選挙法違憲判決」『論究ジュリスト』第 9 号, 128-129 頁.

同. 2015a.「立法情報 イタリア 違憲判決を踏まえた下院選挙制度の見直し」『外国の立法』第 264-1 号, 12-13 頁.

同. 2015b.「イタリア憲法改正と州の自治権―立法権分割と上院改革を素材として―」『自治総研』第 41 巻第 11 号, 1-21 頁.

同. 2017.「海外法律情報 イタリア 2016 年憲法改正案に対する評価」『論究ジュリスト』第 21 号, 134-135 頁.

池谷知明. 2015.「イタリアの選挙制度（1）～（6）」『選挙』第 68 巻第 1 号, 40-42 頁,『同』同第 2 号, 34-36 頁,『同』同第 3 号, 37-39 頁,『同』同第 4 号, 38-40 頁,『同』同第 5 号, 26-28 頁,『同』同第 6 号, 48-50 頁.

大山礼子. 2013.『フランスの政治制度〔改訂版〕』東信堂.

岡崎晴輝. 2009.「市民自治と代表制の構想」『政治研究』第 56 号, 1-22 頁.

高橋利安. 1996.「イタリアの新選挙法―解説及び翻訳（1）」『レファレンス』第 46 巻第 8 号, 87-122 頁.

増田正. 2015.「フランスの選挙制度改革をめぐる議論」『選挙研究』第 31 巻第 1 号, 19-29 頁.

三船毅・前田幸男・日野愛郎・中井遼. 2016.「〔資料〕最近の選挙結果（2015年）」『選挙研究』第 32 巻第 2 号, 120-129 頁.

第6章	
	ドイツ連邦議会選挙制度改革 ――終わりなき論争？
	河崎　　健

はじめに

　諸外国でしばしば理想視されるドイツ連邦議会の選挙制度だが、1990年のドイツ統一以降、その構造的な問題点が研究者などの間で議論されることが増えてきた。学会などで選挙の専門家の下では選挙制度の問題点が指摘されだしたが、世間を賑わす直接の契機になったのは2005年連邦議会選挙の補欠選挙である。この時「負の投票価値」という制度特有の問題が露わになり、改革論議が高まったのである。その後、連邦憲法裁判所の二度の違憲判決などを受けて2013年に新制度が成立し、同年の連邦議会選挙で初めて運用されたが、選挙制度に内在する問題が克服されたとはいいがたく、改革の論議は依然として続いている。

　本稿ではまず新選挙法成立の経緯と新選挙法の実際を概観した後、1990年代から現在まで続く選挙制度にまつわる重要な問題点を指摘し、同時に論者の掲げるいくつかの代表的な改革論を取り上げる。

1 選挙制度改革論の発端 [1]

　ドイツ連邦共和国の下院・連邦議会の選挙制度は、我が国では「小選挙区比例代表併用制」という名称で呼ばれるが、ドイツ本国では「個人化された比例代表制」という名称で呼ばれる比例代表制の1変種である（本稿では便宜的に「併用制」とする）。この選挙制度は我が国をはじめ世界の多くの国

---

1) 本稿は、河崎 2015a、を加筆・修正した原稿を基にしている。

で長らく1つの模範として参照されてきた。

当のドイツ本国では、1960年代末の第一次大連立政権期（1966年〜19□年）に主要政党間で小選挙区制導入の是非を中心とする選挙制度改革の議論はあったものの、その後は長らく政争の対象にはなっていなかった（Jesse 2001, 508-9）。現実政治の場だけでなく選挙制度の研究者の間でも少なくとも1990年のドイツ統一以降しばらくは大きな議論にはならなかったようである[2]。

この選挙制度に内在する問題が公に議論されるようになった契機は、統一後の1994年の連邦議会選挙である。同選挙で当時の与党キリスト教民主／社会同盟（CDU/CSU）と自由民主党（FDP）が野党とわずか10議席差で辛勝したのだが、この選挙は併用制に特徴的な仕組みが大きく影響した選挙であった。第1は阻止条項である。これは、比例代表制下で一定の得票率に達しない政党には議席を配分しないという制度で、（西）ドイツでは比例議席獲得のための下限が5％であることから通称5％条項と呼ばれる。同制度にはしかし、比例代表区で5％に達しなくても、小選挙区議席を全国で最低3つ獲得すれば5％以下でも比例議席を顧みるという付帯条項もある。1994年選挙では野党の民主社会党（PDS）が4つの直接議席を獲得したため、比例議席の得票率が4.4％にもかかわらず5％条項の規定に抵触せずに30議席を獲得した。比例票で5％に達せずに小選挙区議席を3議席以上獲得したのは、1957年のドイツ党以来であり、希にしか適用されない規定によりPDSが比例区の議席獲得できたことで、野党の議席は大幅に増えたのである[3]。

第2は超過議席という制度である。定数を比例区の票（第2票）を基に配分した後に、特定の州である党が獲得した小選挙区（第1票で投票）議席の総数が、配分された比例区による議席数を上回った場合、超過した分の議席は定数に加算される。この追加分の議席を超過議席という。連邦議会選挙

2）ただし英国型のウエストミンスターモデルを理想視し、多数代表制（小選挙区制）導入を主張する学派は存在する。代表的なのは歴史的・思想的アプローチをとるハイデルベルク学派と計量などによる実証研究を志向するケルン・マンハイム学派だという（Nohlen 2014, 399）。

3）比例区での得票が5％未満で小選挙区獲得議席が2議席以下の場合には、当該政党の第2票は死票扱いとなり、議席を獲得した政党間でのみ総議席が配分されることになる。

第 6 章　ドイツ連邦議会選挙制度改革

では超過議席により定数は選挙毎に変化してきた。ただし西ドイツ時代に比べて、統一後には超過議席が増えており、選挙制度改革が論争の俎上にのるようになったのもこの超過議席の増加が一因であった。1994 年選挙で与党 CDU/CSU が 12 の超過議席（野党では社会民主党（SPD）が 4 つの超過議席）を得たことで、5％条項とは逆に超過議席は与党に利することになり、与野党の議席の差は比例配分時より広がったのである。第 2 票による比例議席の割合を歪めた 2 つの制度（阻止条項と超過議席）を中心に、この後政治の世界のみならず[4]、学問の世界でも選挙制度についての議論が増えたのである（Jesse 1998, 15）[5]。

2　改革までの流れ[6]

　この選挙制度改革の議論が世間の注目を集める契機になったのは 2005 年連邦議会選挙の時であった[7]。同選挙の投票日前に旧東独ザクセン州のある 1 選挙区である候補者が急死したため、この選挙区の投票のみが順延されたのである。本選から順延選挙までの 2 週間、国内ではこの選挙区の投票如何で結果が変わる模様が様々なメディアで紹介されたのである[8]。

4）与野党の議席数に影響したことから、例えば、シュレーダー州首相（SPD・後の連邦首相）指揮下のニーダーザクセン州は、超過議席の憲法適合性の審査を求めて、連邦憲法裁判所に対して抽象的規範統制手続を行っている（Behnke, u.a. 2017, 170）。

5）1994 年選挙での超過議席を問題視した議論として Meyer, 1994、参照。超過議席や阻止条項によって起こりうる問題点の一例として、河﨑 1998、参照。またインターネットでも選挙制度の問題を克明に紹介しているサイトが見られる。http://www.wahlrecht.de/ を参照。

6）違憲判決から 2 度目の法案可決までの経緯をまとめたものとしては、Jesse/Dehmel 2013、を参照。

7）この間、1998 年と 2002 年に連邦議会選挙があった。1998 年には超過議席は SPD が 13 議席、CDU/CSU はゼロであった。そのため 1994 年と異なり SPD はその違法性を問うような行動にでなかったのである。2002 年にはインターネットサイト「Wahlrecht. de」の運営者が、選挙の違法性の審査を求める異議（Wahlprüfungsbeschwerde）を連邦憲法裁判所に対して行ったが、裁判所に却下されている（Behnke u.a. 2017, 172; Behnke 2015, 5；Nohlen 2009）。

8）詳細は、河﨑 2015a；河島 2015；山口 2012, 2016、を参照。後述の「負の投票価値」の具体例は、河﨑 2015a、を参照。

119

第2部　西ヨーロッパ主要国と欧州連合の状況

　そしてこの、期せずして生じた時間差投票のおかげでドイツ型の併用制に内在するパラドクスが明らかになった。パラドクスとはすなわち、獲得票数が増えたのに議席数が減る（あるいは逆に票数が減って議席数が増える）という現象—これをドイツでは「負の投票価値」（Negatives Stimmgewicht）と呼んでいる。

　この負の投票価値はドイツ連邦議会特有の選挙制度（超過議席の存在、政党別・同党内の州別の順に比例配分するシステム）から生じる構造的な問題点であり、複雑な仕組みながらこの順延選挙によりマスコミが様々なケースを想定したことで、世間でもようやく認知されたのである。そして2008年7月3日に連邦憲法裁判所により選挙制度に対する違憲判決が下された。判決理由は、負の投票価値が平等選挙・直接選挙の原則（基本法38条1項）に抵触するというもので、裁判所は連邦議会に対して、2011年6月30日までの3年弱の期間で法改正による新たな選挙法を制定することを求めたのである[9]。その際、裁判所は負の投票価値を回避するための3つの選択肢を提示している。1つ目は、超過議席のあり方について再考すること、2つ目は州別の併用制導入の是非を検討すること（議席計算の際の州別の比例名簿の全国レベルへの統合を止めること）、そして3つ目は併用制から並立制への移行の可能性を考えるというものであった。

　連邦憲法裁判所が提示した3つの論点のうち、現行選挙制度の抜本的解決を求めるのであれば、第3の点、すなわち併用制自体の改革を検討する必要があるが、現実には、長年の党派間の妥協で成立・拡充されてきた併用制（河崎 2012）自体が変更されるというのは想定しにくい。事実、2008年の違憲判決の直後には専門家を中心に連邦議会の抜本的改革を視野に入れた議論

9）期限を迎える以前の2009年連邦議会選挙は、時間的に改正が間に合わないため違憲状態のまま実施されることが認められた。とはいえ、同選挙の結果は、議論の最中の現選挙制度にとっていくつかの点で重要だったという。すなわち、①負の投票価値の問題が生じる可能性があったことから改革の必要性が改めて認識されたこと、②CDU/CSUに24もの超過議席が生じたこと、しかし超過議席による多数派形成には至らなかったこと、③現行選挙制度で最も利益を得たのが、与党CDU/CSUとFDPであったこと（Decker 2011, 6）、である。

第 6 章　ドイツ連邦議会選挙制度改革

が盛んに行われたものの、現実には憲法裁判所が提示した 3 つの可能性のうち、超過議席制度の改革や並立制への移行にはこの選挙制度を創設した際の根本的な考え（小選挙区制の維持、全体の議席数は比例配分により決定）に変更を加えることになるため、実現しなかった。当時連邦議会に議席を有していた各会派が提示した改正案にも同様の考えが反映されていた。

　まず当時の連立与党（CDU/CSU/FDP）案では、併用制の計算方式を変更し、得票数に応じて州別の議席数を定め、その後に州内で政党別に配分することになっていた（さらに議席に結びつかなかった残余票は全国レベルで集計し、追加議席として加えることになっていた）。与党案では超過議席制度には手を入れずに改革することが企図されたのである。一方、野党 SPD 案では超過議席は維持されるものの、第 2 票による議席の配分割合から乖離してしまうため、各党に「調整議席」を追加配分して第 2 票による比例配分の割合を維持しようとするものであった。緑の党の案では併用制の計算方式を維持しながら超過議席発生の条件を修正するというもので、具体的には超過した議席数分を同一党内の他の州からの当選者数を減らすことで調整し、総議席数を増やさず、負の投票価値も生じないというものであった。また左派党の案は SPD と緑の党の案を組み合わせた案で、全国レベルで政党別に比例配分をし、超過議席が生じた場合には調整議席を与えるが、党内での州別配分で超過議席が生じた場合には、緑の党と同じように同一党内の他州から差し引いて、全国レベルの比例配分率を維持するというものあった。総じて左派の各野党の案は、超過議席の制度を維持しつつも調整議席制を導入して、歪んだ比例の割合の修正を求めるものであった[10]。ここには、一般的に小選挙区獲得率が高く、そのため超過議席を獲得しやすい CDU と CSU、それにこの両党と連立することを条件に、比例票の貸し票を期待できる FDP が超過議席制継続を求め、このような恩恵を享受しにくい左派系の各党が超過議席の効果減により負の投票価値の問題解決を図るという党派的な事情が反映されていた（Behnke 2015, 51）。

---

10)　この段階での各党の案の詳細については、山口 2012, 40-3、を参照。

第 2 部　西ヨーロッパ主要国と欧州連合の状況

　最終的には連立与党案を中心に新制度案がまとめられ、裁判所に求めた期
日には間に合わなかったものの、2011 年 11 月 25 日に（第 19 次改正により）
新選挙法は成立し、12 月 2 日に公布された（第 19 次連邦選挙法改正　）。
新制度は併用制の計算方式に変更を加えたものになった。従来は第 1 に第 2
票（比例票）を基準に全議席を政党別に配分してから党内で州毎に配分する
順序であったが [12]、新制度ではまず投票数に応じて全議席を州別に配分し
た後で、同一州内で各党に議席配分することになった。さらに議席に反映さ
れなかったが残余票は全国で集計された上で追加議席とすることになった。
配分された議席は各党の州内の小選挙区当選者に優先的にあてがう点、比例
枠を超えた小選挙区議席が超過議席として追加される点は変わらず維持され
たのである。

　しかしながら同法は野党の同意を得られずに与党多数派のみで締結したも
のであったため、野党からの反発は必至であった。事実、新選挙法が公布さ
れるや否や、新制度をもってしても負の投票価値は解消しないという理由で
SPD と緑の党が提訴し、翌 2012 年 7 月 25 日に連邦憲法裁判所が再び違憲
判決を下した（河島／渡辺 2012）。こうして連邦議会の各会派は再度、新法の
検討をせざるをえなくなったのである。

　判決で問題視されたのは、（1）超過議席の多さが第 2 票に基づく比例配分
の割合を損ねてしまう点。ただし超過議席自体を禁止はしていない。（2）負
の投票価値の問題が完全には解消しておらず、平等・直接選挙の原則に抵触
する点。（3）追加議席の配分方法について、平等の原則に抵触する恐れがあ
る点。残余票を考慮し、各州別の比例配分とは別に計算されることが求めら
れた、（4）州別配分の基準の問題。得票率の上下による議席数の変化を回避
するために投票者数ではなく人口数か有権者数を基準にすること、などで
あった。

　この判決を受けて、既成 4 会派（PDS の後継政党である左派党を除く

11）第一次法案成立までの経緯と成立した選挙法の内容については、山口 2012、を参照。
12）旧選挙法の詳細については、加藤 1985；山口 2008, 32-3；河崎 2014、などを参照

CDU/CSU、SPD、FDP、連合 90／緑の党）は同年 10 月に共同で新法案を提出した。第一次法案では対立が目立った各会派間にも、この時点では幅広い合意が形成されていたという。とりわけ超過議席に固執していた CDU/CSU も調整議席制度導入による超過議席の事実上の無効化に理解を示したという（Behnke 2015, 52）。新法案には（1）超過議席の与える効果は考慮する必要があるが、超過議席の存在自体は不問とする。（2）議席配分の基準は人口数とする。（3）新たに調整議席の制度を導入する、といった新案が含まれることになった。こうして 2013 年 1 月 14 日に新たな連邦議会選挙法（第22 次改正）が連邦議会で可決され、5 月 3 日に成立した（河島／渡辺 2013）。そして同年 9 月 22 日に新選挙法下初の連邦議会選挙が実施されたのである。

　新選挙法の計算方法や比例配分の方式の詳細については別稿に譲り[13]、本稿では、変更点を中心に、新制度の仕組みを簡単にまとめておこう。

(1) 定数を人口数に比例させて各州別に配分する。
(2) 各州別に第 2 票に応じて議席を各党に配分する。その際、従来の阻止条項が適用される（第 2 票で 5％未満かつ全国で小選挙区 2 議席以下しか獲得していない政党に比例議席は配分されない）。2013 年選挙ではFDP が史上初めてこの阻止条項に抵触して議席を喪失した。
(3) ある州の政党の小選挙区議席が(2)で配分された各州の各党の議席数を上回る場合には、超過議席として追加される（この段階では従来どおり）。
(4) (3)の州別・政党別の比例配分の総数と超過議席の合計が最低議席数になる。
(5) この最低議席数 602 を維持したまま、第 2 票の比例配分の比率に合うように調整議席を加えていく。

この結果、2013 年選挙後の各党の議席数は以下のようになった。

---

13) 西平 2015：山口 2012, 2016：河崎 2015a など。

第2部　西ヨーロッパ主要国と欧州連合の状況

表1　2013年連邦議会選挙結果（議席数）

	最低議席数	得票数（全国）	最終議席数	調整議席
CDU	242	14,921,877	255	13
SPD	183	11,252,215	193	10
DL	60	3,755,699	64	4
B90/G	61	3,694,057	63	2
CSU	56	3,243,569	56	0
合計	602	36,867,417	631	29

3　新選挙制度に内在する問題

　2013年の連邦議会選挙では総議席数が631となり、定数（598）より実に33議席も多くなっている。選挙前には700議席を超える場合もありうると予測されたこと（Bundeswahlleiter 2012）から考えれば「穏当な」数字とも思えるが、定数削減が繰り返し叫ばれる我が国の状況を考えると、とても「理想的な」選挙制度とはいえまい。第2票による比例配分の割合と超過議席を維持する以上、大幅な議席増が起きる可能性は否めない。

　だがそれよりも重要なのは、一連の選挙制度改革の議論で調整議席にとどまらないドイツ連邦議会選挙制度に内在する様々な構造的な問題点が露わになったことであろう。以下ではこの点に触れてみたい。

① 　負の投票価値

　第1に「負の投票価値」の問題がある。前述のように、票数が増えると議席数が減り、票数が減ると議席数が増えるという可能性が2005年連邦議会選挙の順延選挙で問題視されるようになったのだが、これはドイツの選挙制度が小選挙区制と比例代表制を組み合わせた併用制であり、かつ超過議席があるために起こりうる現象である。新制度においても併用制と超過議席は存続するため、論理上負の投票価値の問題は解消しえない。ただ連邦憲法裁判所は純粋な比例代表制ではなく併用制という特殊な選挙制度ゆえに、負の投

124

票価値が生じてしまうこと自体は違憲と見なしておらず、問題が生じる蓋然性を問うているのであるが、論者は新選挙法[14]では負の投票価値の生じる頻度は格段に減ると予測しており（Behnke 2015, 68）、頻度が下がるのであれば違憲判決が繰り返される可能性は低いと思われる[15]。

② 超過議席の問題

2つ目は「超過議席」の問題である。超過議席や阻止条項が問われるのは、第2票で比例配分された政党間の議席の割合がこの2つの特別条項によって歪められたからである。連邦憲法裁判所も超過議席自体ではなく、超過議席によって第2票で配分される政党間の議席の配分率が歪められる点を問題視している。

超過議席は、1990年のドイツ統一以降に急増している（図1）。その原因には政党システムの変化が挙げられよう。統一後のPDSの躍進など議席を獲得できる小政党が増えてきたこと、二大政党の得票率が減退したことが挙げられる。ある州で第2票が50％未満で、第1票による小選挙区議席獲得

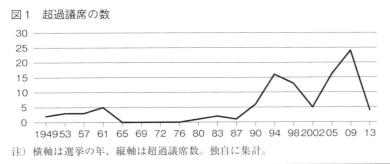

図1　超過議席の数

注）横軸は選挙の年、縦軸は超過議席数。独自に集計。

---

14) 2011年の第19次改正法に関しては、負の投票価値発生の原因の1つとなっている超過議席の改正を含まないなど、（連立与党CDU/CSUとFDPの）党利党略による改正だという批判が出ており（山口 2016, 5）、再度違憲判決が出た後には、与野党合意案に至っている。
15) 負の投票価値の問題については、第19次改正法の違憲性を理由に連邦憲法裁判所に抽象的規範統制の申立てをしたマイヤーの申立書でも詳しく言及されている。この点については、山口 2016, 5ff. を参照。また同論文では、有権者が各自の1票分の価値を超えた影響力を選挙結果に反映する可能性を論じた「二重の投票価値」についても詳細に論じられている。

第2部　西ヨーロッパ主要国と欧州連合の状況

が全選挙区に及ぶほど超過議席は生じやすいといわれる（Behnke 2011, 14-5）が、統一以降、とくに旧東独地域で超過議席が増えているのは、同地域でPDS が地歩を固め二大政党の比例得票率が落ちてきたことや、小選挙区では二大政党のどちらかが州全体で相対的に第1党になる傾向が強いためであろう。

　それにしてもそもそも超過議席とは小選挙区議席なのだろうか、それとも比例代表区の議席なのだろうか。政党 X が A 州で（比例で配分されたよりも）多く取りすぎた小選挙区議席が超過議席になるのだから、小選挙区議席と見るべきと思われるが、全国の小選挙区数は不変である（299 議席）。では比例議席と規定できるかというとこれも難しい。まず政党 X が獲得した超過議席は比例名簿から補充されるが、超過議席が生じた A 州の議席はすべて小選挙区議席なのだから A 州からではない。A 州以外の州の場合、当該州に超過議席がある場合は A 州同様にすべて小選挙区議席、ない場合には元々当該州に比例配分で割り当てられた議席数なので、A 州の超過議席が当てはまる余地はない。つまり超過議席を比例代表の議席と考えると、その出どころを特定できないのである。

　超過議席を小選挙区と規定すれば、投じられた1票間の平等性の問題に関わるが、比例代表の議席と見なせば、投じられた票自体の平等と並んで、「結果価値の平等」（＝選挙結果への影響が平等であること）の問題にもなる。つまり超過議席が生じると、比例の割合が歪められることで結果価値の平等に抵触する恐れがあるというのである。超過議席による比例割合の歪みは長いこと問題視されなかったことから推察するに、連邦憲法裁判所は、超過議席をこれまでは小選挙区として扱っているように見受けられるという（Behnke 2007, 191）。

　とはいえ超過議席に対する評価は時代とともに変化している。1997 年の判決では、超過議席は比例性を歪めるという訴えに対して合憲判決が下されている。理由は、ドイツの併用制が純粋な比例代表制ではなく、多数代表制（小選挙区制）を含む併用制であるため、超過議席は（数によっては）許容範囲に含まれており、自由・平等の選挙制度の原理に抵触するものではない

ということであった。ただし過度に超過議席が増えることは警戒しており、その上限を阻止条項の5%、すなわち全議員の5%（これは議会内での会派構成要件でもある）に当たる約30人にしていた[16]。翌1998年の判決でも超過議席の生じた州の議席に（議員の辞職などにより）欠員が生じた場合に、政党の州比例名簿から後継者を補充することは合憲とされた。

　ところが2012年の判決では、超過議席は約15議席（会派形成要件の半分）を超えるべきではないという判断が下された。理由は人数ではなく、比例性を歪める度合いが高いためだという。このような変化の原因は、近年、超過議席が増えてきたためであろう（2005年選挙では16、2009年には24もの超過議席が生じた）。統一以降に連邦議会に議席をもつ政党が増え、二大政党の得票率が下がったこと、しかし小選挙区は（とくに旧東独地域では）、どちらかの大政党がほぼ独占する傾向が大きいことが影響していると思われる。多党化で比例票が割れるようになり[17]、超過議席が増えて比例性を損なう度合いが増してきたことで、超過議席の在り方が問われるようになってきたのである[18]。

③　阻止条項の問題

　阻止条項（ドイツ連邦議会の場合には第2票（比例で）5%未満、第1票での獲得議席が3未満だと第2票が顧みられない）は、比例代表制の下で小党分立を防ぐために導入された。もっともこの点については賛否両論があり、小党分立で議会が機能不全に陥ったからナチスが台頭したという理由

---

[16]　もっとも、この判決で合憲と違憲の判断を下した裁判官は4対4の同数であり（同数の場合は合憲）、超過議席はすでにかなり問題視されていたといえる。

[17]　例えば政党制研究者のニーダーマイヤーはドイツの政党制が「流動化する5党制」になり、二大政党間と三小政党間での競争が激化するとしている。その結果、連立パターンの変化が起き、超過議席が与野党関係などの選挙結果に与える影響は高まってきたという（Niedermeyer 2007, 114-135; 2008, 9）。2013年選挙でFDPが議席を失い、AfDが躍進したことで小政党間の競争関係に変化が起きてくるかもしれない。河崎2015b、参照。

[18]　与野党伯仲の場合には、膨大な数の超過議席によって与野党関係が変化、あるいは逆転する可能性も否めなかったのである。この点を解消しただけでも新選挙法には一定の成果があるといえよう。

で、安定した議会運営のために阻止条項が必要という賛同者もいれば、共和国崩壊の直接的原因になったのは小政党ではなく、すでに大政党になっていたナチスなので阻止条項は不要という反対論者もいる。実際、戦後、阻止条項が導入された理由は、小政党増加による議席の拡散防止のためではなく、意見を異にする大政党間の妥協の産物だったという（Jesse 1998, 17）。

連邦憲法裁判所は連邦議会の阻止条項には概ね好意的であり、1988年判決では、小党分立を回避して安定した政権作りに寄与しているという肯定的な評価を下している。しかし2013年選挙で議席喪失をしたFDPと新党「ドイツのための選択肢」（AfD）の各々4.8％と4.7％も含めて第2票の死票が15.7％（約680万票）に及ぶと、既成政党以外での意見表出が困難という指摘から選挙の平等性に抵触するという議論が巻き起こった[19]。

連邦憲法裁判所も平等性原理と阻止条項の関連は重視しているのか、欧州議会選挙については、阻止条項に違憲判決を下している。ドイツでは1994年の欧州議会選に5％の阻止条項が導入されていたが、2011年に違憲判決が下されると、3％条項に改められた翌年の2014年にも再び違憲判決が下された。理由は、議院内閣制では下院（連邦議会）には内閣を成立させる責任があるため、小党分立を回避し安定した多数派形成を目的とする阻止条項には意味があるが、その責任のない欧州議会では政党間の平等と機会均等の原則に反するというものであった（Ehrlich 2014）。そのため、2014年の欧州議会選はドイツでは阻止条項なしで実施されたのである。

以上のように死票が増えたことも影響して、近年では阻止条項は以前よりも論争的な制度になっている。阻止条項こそが今後改革すべき重大な問題と見なしている論者もいる。2013年選挙では議席を獲得した政党間の比例割合を是正する調整議席は機能したものの、議席を獲得できなかった政党も含めた政党間の1票の価値の不平等は増大した。その原因は阻止条項にあると

---

19) 得票率と議席率の乖離を図るギャラガー指標（Gallagher-index）によれば、2013年選挙における乖離の度合いは戦後最大となっている〈http://www.tcd.ie/Political_Science/staff/michael_gallagher/ElSystems/Docts/ElectionIndices.pdf〉（2015年2月25日閲覧）。ギャラガー指標については、Gallagher/Mitchell 2008、参照。

第 6 章　ドイツ連邦議会選挙制度改革

いう訳である（Strohmeier 2015, 71-4）。

④　調整議席の問題

　以上 3 つの問題は長らく議論されてきたことであり、完全ではないもの
の、新選挙法により旧法の問題点（の少なくとも一部）は改善されたといえ
よう。これに対して調整議席は新選挙法により新たに導入された制度であ
り、これにまつわる問題は当然ながら全く新しい論点である。だがこの調整
議席関連の問題が、一部の論者が述べているように実は新選挙制度に内在す
る深刻な問題を含んでおり、改正の意義が問われかねないといっても過言で
はないほど重大な点なのである。

表 2　各党の超過議席と調整議席の数

	SPD	CDU	CSU	緑の党	左派党	合計
第 2 票配分	183	238	56	61	60	598
超過議席	0	4	0	0	0	4
調整議席	10	13	0	2	4	29
最終議席数	193	255	56	63	64	631

　そもそも調整議席を導入した理由は何か。それはとりわけ超過議席により
生じた第 2 票による比例配分からの歪みの是正を目指すものであった。現行
の小選挙区制とそれに伴う超過議席を維持しつつ、全体の比例配分が歪ま
ないようにするには、調整議席を与えて定数を増やすしかない。この点からす
ると 2013 年選挙で調整の際に基準になる議席は、最も多くの超過議席（4
議席）を獲得した CDU の議席であろう。しからば同党の議席は調整後も不
変か、増えたとしても微々たる数に収まるはずである。しかし上記の表 2 か
ら分かるように、同党は 4 つの超過議席に加えて最も多い 13 の調整議席を
得ている。これはどうしてか。それは比例性を是正するための調整の基準に
なっているのが超過議席を含む CDU の議席ではなく、CSU の 56 議席だっ
たからである。

129

第 2 部　西ヨーロッパ主要国と欧州連合の状況

　新選挙法下では、この南西部バイエルン州のみで活動する地域政党CSU の存在は、これまで以上に特別な意味をもってくる。

　新選挙法では議席配分の第一段階で、「人口数」を基に定数配分をするため、州内の投票率や各党の得票数にかかわりなく、人口数第 2 の州バイエルンには相対的に多くの議席が配分されることになる（2013 年選挙では、最初の配分で定数 598 人中 92 人）。さらに 2013 年選挙についていえば、連邦の平均（71.5％）よりも低い投票率（70％）と死票の多さ（連邦 15.7％、バ州 18.6％）が同州のみに存在する CSU に有利に作用している。CSU は 2013年には第 2 票で（全国レベルで）約 8.8％を獲得したのだが、配分議席数の多いバイエルン州内では約 60.5％に相当する。旧法のように、まず全国レベルで政党別に議席を配分すると、CSU は 53 議席。新選挙法でまず州別に配分すると、56 議席になる。得票数に左右されるものの、通常バイエルン州での CSU の得票率は、CDU の全国平均の得票率より高い（表 3）。

表 3　新旧選挙法下での CSU の得票数・得票率と獲得議席（2013 年の結果より）

	CSU の得票数	全国の得票数	CSU の得票率①	総議席数②	①×②	CSU 獲得議席
旧選挙法	3,243,569	36,867,417	0.087979285	598	52.61161	53
	CSU の得票数	バ州の得票数	CSU の得票率①	総議席数②	①×②	CSU 獲得議席
新選挙法	3,243,569	5,359,316	0.605220704	92	55.6803	56

　この 56 議席というのは前述の新選挙制度の仕組みの（3）の段階（州別・政党別に配分した議席＋超過議席）に相当するが、この段階での各党の第 2票得票率に対する議席率の割合を比較すると、以下の表 4 のようになる

表 4　各党の第 2 票獲得率と獲得議席率の割合

	SPD	CDU	CSU	緑の党	左派党	総数
議席数	183	242	56	61	60	602
A：議席率(%)	30.4	40.2	9.3	10.13	9.97	100
B：第二票得票率(%)	30.52	40.47	8.8	10.02	10.19	100
A/B	0.996068	0.993328	1.056818	1.010978	0.97841	1

　この表から、CSU の第 2 票得票率に対する議席率の割合が一番高いこと

第6章　ドイツ連邦議会選挙制度改革

が分かる。すると、調整議席は CSU を基準にしてあてがわれるため、CSU
以外の政党に追加されるのである。もちろんこれは 2013 年選挙のみの結果
だが、少なくとも調整議席が超過議席とは無関係に配分される可能性がある
ことは分かろう。2013 年選挙では 4 つの超過議席に関係なく、調整議席が
付与されているのである。

　このように、CSU の特殊性から調整議席が生じる可能性が高いというこ
とは、調整する理由が超過議席による比例の歪みの是正ではないということ
である。制度改革の本来の目的とかけ離れたこの作用を論者は「偽の調整議
席」(Grotz 2014) あるいは「手続き上生じる利回り」(Verfahrensrendite)
(Behnke 2015, 64) と呼んで、新選挙法最大の問題として非難している。

　ただしこの問題は新選挙制度のみに帰するのではなく、ドイツの政党シス
テムの特徴、地域政党 CSU とその姉妹政党 CDU との関係の特殊性にも起
因することを忘れてはならないだろう。仮に CSU と CDU が同一政党であ
れば、前述の新選挙制度の仕組みの (4) の段階でまず全州の議席が政党別
に集計された後で調整議席が配分されるため、CSU のみが調整の基準にな
ることはないのである。

　政党システムに関していえば、バイエルン州における CSU の評価も議席
数に作用する可能性がある。CSU は同州で単独政権に就いていることが多
いが、連邦議会選挙における同州の有権者の投票行動には、CSU 州政権へ
の賛否の意味合いも少なからず見られる。もし CSU の支持が下がり第 2 票
の獲得数が減少すると、(小選挙区はほぼすべて CSU が獲得できるため) 超
過議席が増大する。すると上記のように、最低議席数決定後に、第 2 票の比
例配分率の維持のための調整議席配分の段階で基準になる政党がやはり
CSU になる可能性が高くなる。つまり他党に追加される議席数が増える[20]。
どのくらいの調整議席が付与されるかはその都度の選挙で変わるが、全国で
一番得票する第 1 党の議席が最も増えることが多いため、2005 年以降第 1

---

20) CSU に 6 から 7 議席の超過が生じると、同党の第 2 票は再計算で 36〜37% 相当にな
　り、総議席数は 750 議席に達するという (Behnke 2013, 8f.)。

131

第 2 部　西ヨーロッパ主要国と欧州連合の状況

党の地位を維持している姉妹政党の CDU の議席数が一番増える可能性が高い。つまりバイエルン州で CSU の支持が下がると調整議席が増え、とくに他州の姉妹政党 CDU の議席が最も増える可能性が高いのである。2013 年選挙はまさにその傾向が如実に現れた選挙であった。

⑤　比例配分の歪みの問題

　結局のところ、この選挙制度の最大の問題点は、比例代表制の一変種でありながら、超過議席や阻止条項の影響で、比例配分率が歪められてしまうところにあるといえよう。第 2 票の結果に忠実に議席を配分しようとするならば、このような特有の制度を廃止すれば済むのだが、歴史的な経緯からも困難である。連邦憲法裁判所も、併用制が純粋な比例代表制とは異なることを認めているからこそ、これまで寛容な判決を下してきたのである。

　では、何らかの改正はするにせよ超過議席や阻止条項を残したまま、比例配分率が極力歪められないようにするにはどうしたらいいのだろうか。

　この点を考える場合、まず、比例配分とは「何の配分か」ということが問われなくてはならない。ある論者によれば、ドイツ連邦議会の議席配分で比例配分に配慮しなくてはならないものには 3 つあるという。第 1 に、連邦レベルでの政党間の比例配分、第 2 が連邦制ゆえの州の間での議席の比例配分、第 3 に、同一政党内での州別の議席配分である（Behnke/Weinmann 2016, 370ff.）。第 1 の政党間の比例配分が最も優先的に配慮されなくてはならないのは自明であろう。議席を争うのは政党同士であって、州同士あるいは一党内の州連合同士ではないからである。とはいえ、超過議席が生じた場合、政党間の比例配分を維持するのはそれほど容易ではない。

　2011 年の緑の党の案のように、超過議席が生じた場合、比例名簿からの補充人数を減らすことで政党間比率を（ほぼ）維持することは可能である（連用制に近い）。しかし比例名簿からの補充を減らすということは、同一政党の他州の名簿からの補充が減ることを意味する（超過議席が生じた州では比例名簿からの補充がないため）。ということは、例えば、ある政党の A 州で超過議席が生じた場合、超過した分の議席数を同一政党内の B 州からの

132

比例補充枠から同数分を削ることになる。確かにこれにより全国での政党間比率は維持できるが、A州の議席数増加とB州議席数減少で州間比率は歪むし、同一政党内の州別議席比率も変わってくる。とくに同一政党内での比例配分率の変化は、比例枠からの補充も想定している州の候補者擁立[21]にも影響を及ぼしかねない[22]。

第1に優先すべき全国レベルでの政党間比率の維持に加えて、先の第2・第3の比例配分基準をも十分に考慮に入れるとなると、一層複雑な制度になってしまう。例えば、各州間の比例配分の維持を重視するとなると（2013年成立の現行の制度に該当）、阻止条項に抵触するなどして議席をもたない政党の票数や、州の住民数を考慮する必要が出てくるかもしれない。例えば、2002年選挙でPDSは全国の比例議席を失ったが（小選挙区の2議席のみ）、東西間格差ゆえに、旧東独地域では、第2党・第3党に相当する得票率となっているところが多い。旧東独州でこの党に議席を配分しないことは、州の間の比例配分が大きく変動することになる。

州別に議席配分をする場合、（1）州の人口（有権者数）に比例させるか、（2）得票数に比例させるかも焦点となる。2011年に連立与党主導で成立した第一次改革案では、（1）を基準にして、政党別配分をする前に州別配分を定めるものであった。有権者数を基準にしたことは、得票数では有権者一人当たりの議席数に格差が生じる可能性があるためである。しかし連邦憲法裁判所は、得票数（投票率）の変動による各州への議席配分の変化が問題であることを理由に違憲としている。

---

21) ドイツの政党の政治家リクルートメントについては、河崎 2015c、参照。

22) そこで党内の州別比例配分を歪ませず、各州からの比例補充枠を確保しようとするのが、いわゆる「プーケルスハイム（Pukelsheim）Ⅲ」と呼ばれる方法である（Pfeifer u.a. 2012）。この方法では、全国の各党別の小選挙区議席に10％上積みした数を最低議席数として、政党別に第2票に基づく比例配分を再度行うというものである。州別ではなく全国での小選挙区を基準にするため、超過議席の問題は生じにくく、2005年までの選挙結果では超過議席は生じないという。しかし2009年選挙結果を当てはめると、総議席数が実に653に達し、55議席も「定数オーバー」になってしまう（ibid., 730）。この方法は党内の比例配分に配慮するものの、場合によっては総議席数の激増という問題が生じる欠点がある。

第2部　西ヨーロッパ主要国と欧州連合の状況

　この州別の比例配分を守るためには、超過議席をどう処理するかが問題になってくる。一番の可能性は、州レベルで超過議席が生じた場合、第2票の比例配分に適合するように調整議席を配分することである。しかしこれでは、各州に調整議席を別々に計算することになり、場合によっては全国規模では膨大な調整議席が生じるかもしれない。

⑥　改革の可能性

　2013年の選挙後、連邦議会議長ラーマートは「新選挙制度についてさらなる検討が必要」という旨の発言をしている。とはいえ、併用制維持は既成政党、とくに二大政党の合意事項であるし、何よりここ何年か改革論議を繰り返してきた各党とも再度の改革には消極的である。だが連邦憲法裁判所が明快な選挙制度を求めていることからも、複雑さを増した新選挙制度の改革が再び議論される日はあるいは近いのかもしれない。

　現実の政治とは別に、法学者や政治学者の下では、改革論議は活発に続いている。ここではその一端を紹介する。

　論者の改革案の第1には、超過議席に何らかの変更を求めるものがある。オーソドックスな改革としては併用制ではなく並立制にするというものである[23]。しかし現行の選挙制度が「比例代表制」の一変種と規定されている以上、並立制への変更は困難であろう。

　そこで超過議席発生の頻度を減らすために、複数人当選の選挙区を設定する方法がある。選挙区の数を減らして、1選挙区当たりの当選者数を増やすことで、超過議席が生じる確率を下げようという意図による（Behnke 2010）。

　超過議席が生じることを想定した上で、それを包含して全体を改めて比例配分する方法がある。上記の調整議席がその1つだが、これは議席の激増可能性という問題を孕んでいる。議席を増やさないためには緑の党が提案した

---

23)　例えば、学術雑誌『議会問題雑誌』（Zeitschrift für Parlamentsfragen）誌上では、新たな選挙制度として小選挙区制の是非をめぐる政治学者の論争などが展開された。例えばストローマイヤーは、大政党の単独政権が可能かつ重要な小政党も議席を獲得できるようにと、小選挙区制（499議席）と比例代表制（99議席・阻止条項なし）の並立制を唱えている（Strohmeier 2007、参照）。

ように、超過議席による増加分を比例代表区からの補充枠を削る方法があるが、これでは州間、および同一政党内での州間議席配分が歪んでしまう。

阻止条項（5％条項）による比例配分の歪みの是正も検討されている。ある論者は、第1票を小選挙区議席、第2票を比例代表区の議席用とするのではなく、主要票（Hauptstimme）と代替票（Ersatzstimme）というように役割変更する案を提示する（Decker 2016）。主要票・代替票それぞれで政党「と」その党の当該小選挙区の候補者を一緒に選ぶことになる。例えば主要票でA党とA党のa候補、代替票でB党とB党のb候補を選ぶといった具合である（代替票で同じA党とa候補を選ぶことも可能である）。主要票が有効になるのは、同票で選ばれた政党が5％以上獲得するか、選ばれた候補者が選挙区の有効票の過半数を取った場合である。もしこの両方に当てはまらない場合、すなわち主要票が死票となる場合に代替票が有効となる。加えて、代替票で選ばれた政党が5％以上を獲得した場合である（小選挙区の候補者はすでに主要票で選ばれている）。

これは5％未満になる政党への投票が死票になるのを回避する案で、結果的には小党分立が回避されることが予想される（Jesse 2016, 893）。あるいは西ドイツ時代のような3, 4つの政党制に回帰し、超過議席も減るかもしれない。反面、代替票がさほど重要ではないのではないかという意見もある（ibid., 894）。もし主要票で二大政党に投票すれば、（大政党は5％以上を獲得するので）ほぼ間違いなく有効票になる。もし主要票で小政党に入れて無効票になるということは当該小政党が5％を割ることになるので、代替票で同一政党に入れたとしても（主要票と代替票を別々の小政党、かつ主要票が指標になる場合を除いて）、当該小政党が5％を超えるほど得票を増やせるかは不明だろう。加えて連立政権が常態化しているドイツで、有権者が特定の政権パターンの支持（連立を希望する2つの政党に投票する）を表明するには適しているとはいえないという（Decker 2016, 464f.）。

他方、2票制を廃止して、1949年の第一回選挙のような、1票で小選挙区と比例区両方を選ぶ方法も推奨されている。1票制にすれば、第1票（選挙区票）を大政党、第2票（比例票）を小政党にするという、いわゆるスプ

135

第 2 部　西ヨーロッパ主要国と欧州連合の状況

リット・ボートを回避し、超過議席の発生を抑えるという案もある（Jesse 2016）[24]。

　その他に、同一政党内の州別比例配分の歪みに配慮した改革案もある（注22 参照）。

　以上の他にも政治学者や法学者が多種多様な改革案を出してはいる。もっとも本論で考察したように、併用制特有の問題、すなわち比例代表制という相対度数を基に議席配分をする制度の中に、実数を基に選ぶ小選挙区議員を内在化させることにより生じうる矛盾を完全に回避することは難しい。さらに超過議席や阻止条項といったドイツ特有の特殊規程や、連邦制下での比例配分の多層性など、極めて複雑な条件が折り重なっているのがこの選挙制度である。西ドイツ時代は、政党制をはじめ選挙制度を取り巻く環境が好都合に作用していた感があるが、状況が変化した現在、すべての条件を満たすことが可能な制度は不可能ではなかろうか。

　加えて選挙制度を変更する立法権者（つまり連邦議会議員）が望まない改革が実現する可能性は低い（Jesse 2016. 902）。しからば、現行の新選挙法のような、議席数が増える（＝議員数が増える、つまり議員の利益につながる）可能性をもつ制度が変更されるのは難しいのかもしれない[25]。

　2017 年連邦議会選挙（2017 年 9 月 24 日）では、総議席数が 709 議席に達した（定数 111 議席増。超過議席 46（CDU37、CSU7、SPD3）、調整議席 65（CDU0、CSU0、SPD19、DL10、B90G10、FDP15、AfD11））。2013 年同様に CSU の調整議席がゼロとなっている。議席獲得をした政党数の増加、バイエルン州における CSU の第 2 票の減少は大きく影響していよう（同州の小選挙区は CSU がすべて獲得している）。とはいえ 2013 年と異なり、CDU にも超過議席は与えられておらず、比例代表区での同党の大幅な得票減も結果的には調整議席増に影響しているといえよう[26]。

24）ドイツの選挙におけるスプリット・ボートの意味については、加藤 1985, 176-7、参照。
25）本書の第 7 章で、メルが指摘する政治階級の自己利益も関係するだろう。
26）2017 年連邦議会選挙のデータは、以下より参照した〈https://www.bundeswahlleiter. de/〉（2017 年 10 月 1 日参照）。

いずれにせよ、これだけの定数増となれば、おそらく選挙制度改革の論議が、再び世間を賑わせる可能性はあるだろう。少なくとも現行選挙制度の違憲性を問う訴えが、連邦憲法裁判所に出されることになるだろうと思われる。その場合、果たして連邦憲法裁判所は再び違憲判決を下すのだろうか。違憲判決が下った場合でも新たな改革案が難儀を極めるであろうことは本稿からも容易に推測できる。また仮に合憲とされても、次回以降の選挙で総議席数がさらに増える可能性は否定できない。つまるところ、この選挙制度にはつねに違憲判決が下される可能性が内包されているといえる。加えて併用制という特殊な制度ゆえ、多くの改革案がいずれも十全な解決策を提示できないとなれば、ドイツの選挙制度は、あるいは西ドイツ時代の理想像から一転して終わりなき改革論争の的と化す可能性も高そうである。今後の動向が注目されるところである。

＜参考文献＞

加藤秀治郎. 1985. 『戦後ドイツの政党制』学陽書房.

河崎健. 1998. 「ドイツ連邦議会選挙制度のもつ問題点に関する一考察―第一票と第二票のもつ意味に関して―」日本選挙学会年報『選挙研究』第 13 号, 226-235 頁.

河崎健. 2012. 「ドイツ連邦議会選挙法成立過程の一考察：比例代表制と小選挙区制導入の経緯について」日本選挙学会年報『選挙研究』第 29 巻第 1 号, 15-27 頁.

河崎健. 2014. 「ドイツの選挙制度と選挙過程（2）：選挙制度の特徴」『月刊選挙』67, 8 月号, 12-14 頁.

河崎健. 2015a. 「ドイツ連邦議会の選挙制度改革をめぐる議論―2013 年選挙の結果との関連で―」日本選挙学会年報『選挙研究』第 31 巻第 1 号, 44-55 頁.

河崎健. 2015b. 「ドイツにおける統合と代表の論理」日本政治学会年報『年報政治学』2015 年度－Ⅱ, 11-34 頁.

河崎健. 2015c. 『ドイツの政党の政治エリート輩出機能』コンラート・アデナウアー財団.

河島太朗. 2015. 「ドイツの小選挙区比例代表併用制におけるいわゆる負の投票価値（Negatives Stimmgewicht）について―政治学的実証研究を応用した選挙制度の構造分析の試み―」岡田信弘他編『憲法の基底と憲法論：思想・制度・

運用』信山社，1049-1094 頁.

河島太朗／渡辺富久子．2012.「ドイツ 2011 年改正後の連邦選挙法に対する違憲判決」『外国の立法』10 月号．〈http://dl.ndl.go.jp/view/download/digidepo_3567833_po_02530106.pdf?contentNo=1〉（2015 年 2 月 20 日参照）

河島太朗／渡辺富久子．2013.「ドイツ・連邦選挙法の第 22 次改正」『外国の立法』4 月号．〈http://dl.ndl.go.jp/view/download/digidepo_8196094_po_025010101.pdf?contentNo=1〉（2015 年 2 月 20 日参照）

西平重喜．2015.「ドイツ連邦議会議員選挙の議席配分」日本選挙学会年報『選挙研究』第 31-1 号.

山口和人．2008.「ドイツの連邦選挙法」『外国の立法』237 号，36-61 頁.

山口和人．2012.「ドイツの選挙制度改革」『レファレンス』6 月号，28-50 頁．〈http://dl.ndl.go.jp/view/download/digidepo_3499400_po_073702.pdf?contentNo=1〉（2015 年 2 月 20 日参照）

山口和人．2016.「ドイツの選挙制度改革（2）」『レファレンス』8 月号，1-28 頁．〈http://dl.ndl.go.jp/info:ndljp/pid/10188913〉（2017 年 2 月 25 日参照）

Behnke, Joachim. 2007, *Das Wahlsystem der Bundesrepublik Deutschland*, Baden-Baden.

Behnke, Joachim. 2008. „Strategisches Wählen bei der Nachwahl in Dresden zur Bundestagswahl 2005", in: *Politische Vierteljahresschrift*, 49, S.695-720.

Behnke, Joachim. 2011. „Grundsätzliches zur Wahlreformdebatte", in: *Aus Politik und Zeitgeschichte*, B4, S.14-20.

Behnke, Joachim. 2013. „Das neue Wahlgesetz, sicherlich nicht das letzte", in: Deutscher Bundestag Innenausschuss, *Ausschussdrucksache*, 17 (4) 640, 11.01.2013, S.1-15. 〈http://www.math.uni-augsburg.de/stochastik/pukelsheim/2013Berlin/Stellungnahme-00-Behnke.pdf〉（2015 年 2 月 20 日参照）

Behnke, Joachim. 2015. Das neue Wahlgesetz – oder: Was lange währt, wird nicht unbedingt gut", in: Reimut Zohlnhöfer/Thomas Saalfeld, (Hg.), *Politik im Schatten der Krise*, Wiesbaden, S.49-71.

Behnke, Joachim/Florian Grotz/Christof Hartmann. 2017. *Wahlen und Wahlsysteme*, Oldenbourg.

Behnke, Joachim./Philipp Weinmann. 2016. „Flexibler und Zielgerichteter Ausgleich-Eine am innerparteilichen Proporz orientierte Alternative zum geltenden Bundestagswahlrecht", in: *Zeitschrift für Parlamentsfragen*, Jg.47, S.369-388.

Decker, Franz. 2011. „Brauen wir ein neues Wahlrecht?", in: *Aus Politik und Zeitgeschichte*, B.4, S.3-9.

Decker, Franz. 2016. „Ist die Fünf-Prozent-Sperrkrausel noch zeitgemäß? Verfassungsrechtliche und –politische Argumente für die Einführung einer

Ersatzstimme bei Landtags- und Bundestagswahlen", in: *Zeitschrift für Parlamentsfragen*, 47.Jg., S.460-471.

Dehmel, Niels. 2012. „Eine（un）glückliche Wahlrechtsreform? Die Debatte über eine notwendige Änderung", in: Eckhard Jesse/Roland Sturm, （Hg.）, »*Superwahljahr*« 2011 *und die Folgen*, Baden-Baden, S.153-171.

Der Bundeswahlleiter. 2009. *Modellrechnung Bundestagswahl* 2009: *Sitzkontingente mit Ausgleich*, W/39910010-BS6001, 9.Oktober 2012.〈http://www.wahlrecht.de/doku/doku/20121009.pdf〉（2015 年 2 月 27 日閲覧）

Ehrlich, Udo. 2014. *Wahlen?: Die Wahlrechtsreformen und deren Auswirkungen auf die Ergebnisse der Bundestags- und Europawahlen* 2013 *und* 2014, Nordstaedt.

Gallagher, Michael/ Paul Mitchell, （ed.）. 2008. *The Politics of Electoral Systems*, Oxford/N.Y.; Oxford Univ.Press.

Grotz, Florian. 2014. „Happy End oder endloses Drama? Die Reform des Bundestagswahlsystem", in: Eckhard Jesse/Roland Sturm, （Hg.）, *Bilanz der Bundestagswahl* 2013, Baden-Baden, S.113-140.

Jesse, Eckhard. 1998. „Grundmandatkrausel und Überhangsmandste. Zwei wahlrechtliche Eigentümlichkeiten in der Kritik", in: Max Kaase/Hans-Dietrich Klingemann, （Hg.）, *Wahlen und Wähler. Analysen aus Anlaß der Bundestagswahl* 1994, Opladen/Wiesbaden, S.15-41.

Jesse, Eckhard. 2001. „Ist das Wahlsystem zum Deutschen Bundestag reformbedürftig? Eine politikwissenschaftliche Analyse", in: Hans-Dietrich Klingemann/Max Kaase, （Hg.）, *Wahlen und Wähler. Analysen aus Anlass der Bundestagswahl* 1998, Wiesbaden, S.503-527.

Jesse, Eckhard. 2016. „Plädoyer für ein Einstimmensystem bei der Bundestagswahl, ergänzt um eine Ersatzstimme", in: *Zeitschrift für Parlamentsfragen*, 47.Jg., S.893-903.

Jesse, Eckhard/Niels Dehmel. 2013. „Das neue Wahlgesetz zur Bundestagswahl 2013 Eine Reform der Reform der Reform ist unvermeidlich", in: *Zeitschrift für Parlamentsfragen*, S.201-213.

Meyer, Hans. 1994. „Die Überhang und anderes Unterhaltsame aus Anlaß der Bundestagswahl 1994", in: *Kritische Vierteljahresschrift für Gesetzgebung und Rechtswissenschaft*, 77, S.312-362.

Niedermayer, Oskar. 2007. „Die Entwicklung des bundesdeutschen Parteiensystems", in: Franz Decker/Viora Neu, （Hg.）, *Handbuch der deutschen Parteien*, Wiesbaden, S.114-135.

Niedermayer, Oskar. 2008. „Das fluide Fünfparteiensystem nach der Bundestagswahl 2005", in: ders., *Die Parteien nach der Bundestagswahl* 2005,

第2部　西ヨーロッパ主要国と欧州連合の状況

Wiesbaden, S.9-35.

Nohlen, Dieter. 2009. „Erfolgswertgleichheit als fixe Idee oder: Zurück zu Weimar? Zum Urteil des Bundesverfassungsgerichts über das Bundeswahlgesetz vom 3. Juli 2008", in: *Zeitschrift für Parlamentsfragen*. 40, S.179-195.

Nohlen, Dieter. 2014. *Wahlrecht und Parteiensystem*, 7.Aufl., Opladen&Toronto.

Peifer, Richard/ Daniel Lübbert/Kai-Friederike Oelbermann/Friedrich Pukelsheim. 2012. „Direktmandatsorientierte Proporzanpassung: Eine mit der Personenwahl verbundene Verhältniswahl ohne negative Stimmgewichte", in: *Deutsches Verbaltungsblatt*, S.725-792.

Strohmeier, Gerd. 2007. „Ein Plädoyer für die „gemäßigte Mehrheitswahl": optimale Lösung für Deutschland, Vorbild für Österreich und andere Demokratien", in: *Zeitschrift für Parlamentsfragen*, S.578-590.

Strohmeier, Gerd. 2015. „Die Bundestagswahl 2013 unter dem reformierten Wahlsystem: Vollausgleich der Überhagsmandate, aber weniger Erfolgswertgleichheit", in: Karl-Rudolf Korte, (Hg.), *Die Bundestagswahl 2013*, Wiesbaden, S.55-78.

第7章	

ドイツの選挙法改正
―― ヘゲモニー権力の問題からのアプローチ

マーク＝ピエール・メル

はじめに

　ドイツ連邦議会は2013年に新しい選挙法を採択した。これによって、連邦憲法裁判所が下した判決を反映させた選挙法が実施されるようになった。しかし、この新しい選挙法は長所と短所を持ち合わせている。本稿ではまず、ドイツの選挙の技術的な側面に焦点を当てる。次に「社会学的な」視点から見たその長所と短所を浮き彫りにする。そのため、ドイツ選挙法に関する基本法（憲法）上の問題と解決策を概観することにしたい。

1 ドイツの選挙制度

　すべての国家権力は選挙を通じて国民により行使される。ここでの代表者たちとは普遍的な、そして自由で平等な秘密投票の下で選出される（ドイツ基本法38条1項）。この選挙制度の理念は、政治的意思の代表の機能的安定を念頭に置いている。この手続きはドイツの選挙法の枠内で議会によって規定されるものである。だが、より詳細な点については連邦選挙令ごとにドイツ内務省管轄で規則化されている。

　ドイツの選挙は「個人化された比例代表制」と特徴づけられる（ドイツ連邦選挙法1条）。これは基本的には多数代表制の原理と比例代表制の原理を組み合わせたものである。この選挙制度では、いずれの選挙民も2つの票を投じることになる。第1票は、多数決の原則に則って各選挙区で議員1人を選ぶために投じるものとなる（いわゆる小選挙区制に該当する）。そして、第2票とは比例代表制の原則に基づいて政党間での議席配分を決めるものと

第2部　西ヨーロッパ主要国と欧州連合の状況

なる。なお総議席数598席の半数の299議席が小選挙区選出者によって占められる一方、残りの半数は政党の州別の比例名簿から選ばれる。小選挙区で選ばれた候補に優先的に議席が与えられるものの、全体の議席配分は原則的に第2票の比例代表制に則っている。そのため、各党の議会での勢力比は第2票の結果を極力反映するものとなっている。

　州別の議員選出には2段階の手続きがある。従来の方法では、まず連邦レベルでの各党の得票結果に基づいて、それぞれの議席数が算出される（上位配分、Oberverteilung）。次に各党の獲得した総議席数に依拠して、各州の党選挙名簿へ議席が割り振られる（下位配分、Unterverteilung）。各州の小選挙区からの直接選出候補を擁する政党は、そこでの当選者を選挙名簿から選ばれる候補の内へ加えることになる。具体的には、比例票で各党別・州別に配分された議席数から、小選挙区当選者へ優先的に議席を与え、残りの議席を州の選挙名簿の上位から充当していくことになる。

　ここにおいて、ある州のある政党が第2票での配分議席数よりも多くの小選挙区候補を当選させた場合、比例で配分された以上の議席、すなわち超過議席が発生する。この超過議席は議会の総議席数を増やすものであり、議会における政党および地域の比例代表制を歪ませる可能性がある。

　なお、この超過議席は内生的および外生的に生じうる。内生的に生じる超過議席とは、各州レベルでの選挙結果に起因するものである。他方で外生的に生じる超過議席とは、ある政党が選挙の結果、連邦レベルで最初に割り当てられた議席数よりも合計して多くの小選挙区候補を選出させた場合に生じる。ただし、この連邦レベルでの外生的に生じる超過議席はドイツの歴史において未だ生じたことがない。これまでの超過議席の発生とはすべて州レベルでの選挙結果に起因するものであった。どこで超過議席が生じるのかという分類は、ドイツでの選挙制度改革の必要性を明示化させたという点で重要である。

第7章　ドイツの選挙法改正

2　改革の必要性（負の投票価値）

　2008年7月3日、連邦憲法裁判所は現行の選挙法の一部が基本法に反している という判決を下した。2005年の連邦議会選挙の投票日直前になって、 ザクセン州のドレスデンⅠという選挙区の候補者の1人が急死したため、この選挙区のみ選挙が2週間後に順延されていた。この順延選挙を通じて、特定の状況下では第2票が選出された政党にとってマイナスに作用する可能性があることが明らかになった。これがいわゆる「負の投票価値」と呼ばれる問題である。

　この「負の投票価値」が生じる理由は、超過議席および選挙後の議席配分に関する上下配分2段階の手続き、という2つの要因の相互作用に起因する。例えば、ある州（A州）である政党が超過議席を1つ獲得したと仮定しよう。今、この州で第2票が増えたとする。しかしそれでも、第2票により配分されるこの政党の獲得議席の総数は変わらないかもしれない。しかし、その政党内で州別に配分される議席数が変わるかもしれない[1]。A州で議員を1人多く輩出する代わりに、別のB州で輩出する議員数が1人少なくなるという結果も起こりうるのである。A州で超過議席が生じても、A州の超過分を同じ党のB州の議席であてがうことになり、その結果、同党のB州での獲得議席が減り、同州でも超過議席が生じない限り、全国での超過議席もなくなるというわけである。つまり、その党はA州の選挙結果から追加の議員を議会へ送り込むことができないのである。またB州では超過議席を獲得しない限り、配分される議席数は減らされることにもなる。

　この多くの票を集めたにもかかわらず1議席損をするという仕組みが、いわゆる「負の投票価値」と呼ばれるものである。これが選挙の平等性と直接性の原理を傷つけるものであったため、選挙制度改革が求められることに

---

1) 最大剰余法で州の間で配分する時に配分される議席数に変化が生じる可能性を示唆している。詳細は例えば、本書の河﨑の章で紹介している、河﨑（2015a）、を参照（訳者注）。

第2部　西ヨーロッパ主要国と欧州連合の状況

なったのである。

3　新しい選挙法

　現行の選挙制度、取り分け「個人化された比例代表制」はドイツ連邦共和国の建国以来、相対的に安定して運用されてきた。だが、繰り返し修正も加えられてきた。具体的には1950年代からの様々な改革を通じて、「分割投票」（スプリット・ボート）[2]を可能にする第1票と第2票の制度が定着した。そこでは党の州別名簿を州同士で連結する、議席配分に関する連邦・州レベルでの2段階手続きが導入されている。さらには阻止条項（5%条項）の一層厳格な適応、有権者の年齢の引き下げ、郵便投票制の導入、そして在外投票の実施へと至っている。

　また議席配分の計算方法に関しても何度も手が加えられている。当初はドント方式での計算が採用されていた。だが、その後は1987年選挙よりヘアー・ニーマイヤー方式へと変更されて、そして2008年からはサン＝ラグ・シェーパース方式が用いられている[3]。

　以上の変更を通じて現行の制度が次第に形作られてきたといえる。だが、これらの変更はより多くの超過議席と「負の投票価値」という弊害も生み出すことになった[4]。

　2012年7月25日、連邦憲法裁判所によって現行の選挙法に関する2度目の違憲判決が下された後、政党間で新しい選挙法のための合意文書作成が取り決められた。この時、各党はそれぞれの州での各党の比例名簿と州レベルでの比例代表制の選挙制度を通じた議席の配分、第1票と第2票という二票

2）第1票で投票する小選挙区候補者の所属政党と、第2票で投票する政党が異なること。小政党は小選挙区で当選する可能性がきわめて低いので、小政党の支持者は、例えば第1票は、支持する小政党と連立する可能性のある大政党に投じて、第2票を支持する小政党自体に投票するというケースである。詳細は、加藤（1985）を参照（訳者注）。

3）ニーマイヤー、シェーパースともに導入された新選挙法の設計をした人物であるが、前者はいわゆるヘアー方式、後者はサン＝ラグ方式である（訳者注）。

4）このことには、ドイツ統一後の政党制の変化なども影響していよう。本書の第6章（河崎論文）参照（訳者注）。

144

制、そして個人化された比例代表制を維持することを望んでいた。

　また超過議席を禁止することも選択肢に入っていなかった。これは超過議席の廃止が、州選挙名簿を通じて輩出される議員のポストを圧迫するものとなり、小さい州にとって不利なものになるためであった。そこで最終的には、超過議席による議席の比例配分の歪みを調整する改革案が取りまとめられたのである。この「調整議席」によって、ドイツでは第1票の結果を保持したまま、第2票の結果を基にした比率で議会を構成可能になっている。この新しい選挙法の下では次のような計算が行われる。

　まず、最初の議席配分の段階では598の総議席が人口比に応じて各州別に配分される。そして各州で政党別に議席の比例配分がなされる。さらに各州内での第1票による小選挙区議席が確定し、比例配分された議席数の内で小選挙区当選者へ優先的に議席を配分する。この段階で場合によっては超過議席が生じる。

　次の段階では超過議席も含めつつ、当初の議席配分と同じ比率にするための調整議席が各党に配分されて連邦議会の議席数が増える。これによってすべての選挙区候補の当選者が加算されて、実際的には超過議席が生じなくなるのである。この第2段階において各党への議席配分が改めて行われて（上位配分）、その後、各党内での州選挙名簿に沿った議席割り当てが行われる（下位配分）。結果として、各党は少なくとも州の選挙区で当選した候補者の数を得ることになり、その全員が議員として加算されることになる。

　この2013年5月に新しく施行された選挙法の長所は、たとえある政党に多くの超過議席が集中してしまう場合でも議会の比例配分率が温存されて残ることにある。逆に短所といえば、およそ800議席に至る議席増が起こりうることだろう。連邦議会の議長であったノーベルト・ラーマートが既にこの改革には新たな改革が必要と考えて、総議席数には上限設定が必要であるという主張を支持したのも驚くべきことではない。

　この選挙制度改革の代替案がなかったとはいえないだろう。例えば、超過議席をすべて廃止するという改革案を取り決めることも可能であっただろう。また選挙区の定数を減らす、あるいは最小限の票数であった小選挙区候

145

第2部　西ヨーロッパ主要国と欧州連合の状況

補を場合によっては取り消す規定もできただろう。さらにいえば、政党の州
本部間での議員割り当てを認めることもできた。この場合、州別ではなくド
イツ全国で第2票に基づく配分議席よりも多くの小選挙区候補を当選させた
ケースで、初めて超過議席が発生するようになっていたはずである。

　より大きな改革案も考えられただろう。小選挙区候補をなくす、つまり複
雑な議席配分法を抜きに純粋な比例代表制にすることも1つの選択肢になっ
たはずである。また純粋な比例代表制とは別に、いわゆる小選挙区比例代表
並立制も考えられたはずである。これによって直接選出される候補が連邦議
会の半数を占め、残りの半分が第2票の得票率に従ってそれぞれの党へ配分
されることになる。この改革案の実施とは、第2票のみで議会構成比が決ま
らなくなることを意味している。これは同時に大政党の議会勢力分布が一層
広がることにもつながっているだろう。

　これらの案とは別に、イギリスやフランスで見られるような純粋な小選挙
区制の導入についても声高に議論されている。そこでは第2票と州の比例名
簿は廃止され、1人区で直接選ばれる候補のみが連邦議会で議席をもつこと
になる。この場合も当然、小政党にとって不利になることが予想される。

　ドイツ基本法において、以上で述べてきた解決策が除外されることはな
い。連邦憲法裁判所は比例代表制、小選挙区比例代表並立制、小選挙区制の
導入を基本法上では問題ないものとみなしている。つまり立法機関には、選
挙制度をデザインして実施する大きな権限が与えられているのである。ただ
し大規模な選挙制度改革とは、第二次世界大戦以降、ドイツで培われてきた
議会制民主主義の文化からは無縁になっている。さらにいうならば、こうし
た改革によって生じるヘゲモニー的な構造の問題にさらされることにもな
る。

4 ヘゲモニー権力の問題

(1) 機会構造

　社会学的な視点に立てば、国家が統治機構を編成して、その統治機構が権力を制度化させているとみなせる。つまり、いずれの選挙制度改革案にせよ、新しい選挙法の制定に際しては常に権力の問題が存在するのである。古くはマックス・ヴェーバー[5] が述べたように、政治の実践に向けては2つの道筋がある。それは「政治のために生きる」ことと、「政治によって生きる」ことである。ある政治家が政治のために生きるのは、その人がそこに何か意味を見出す場合においてである。他方、政治家が政治によって生きることができるのは、その人がそれによって継続的に生計を立てうる場合である。ここにおいて政治とは権力闘争、福祉活動の一環であるだけでなく、1つの専門化された職業になることが浮き彫りになる。

　政治を職業とするエリートは、他とは異なった存在として、自身たちで1つの階級（ドイツでは「政治階級」とも呼ばれる（訳者注））となる。この階級は、政治的な特権を享受する人々の総体から構成されている。彼らは、固有の利益と専門能力を有し、政治によって生計を立てて、他から区別された独自の階級としてふるまう職業政治家である。政治を職業にするための構造面での前提条件は、確固たる収入、キャリアを保障するメカニズム、そして地位の上昇や複数の役職の兼務といった昇進機会が存在することである。制度的文脈で職業政治家に特徴的な点は、自由に政治キャリアを積めること、誰でも政治キャリアを積める可能性があること、政治キャリアが人々を惹き付けることである。これがいわゆる「機会構造」である。

　政党内で組織化された職業政治家によって、政治システムは利益を追求する企業体に発展してきた。このことが意味することは、あらゆる政治的闘争

5）ドイツの社会学者（1864～1920 年）。

第2部　西ヨーロッパ主要国と欧州連合の状況

は私情に囚われないで目的を実現するための闘争というだけでなく、公職の
パトロネージ（情実人事）を実施するための闘いでもあるということだ。政
治階級のヘゲモニー的な関心はつねに、機会構造を自らの関心や欲求に適合
させていくことである。

　こうした前提に立つと、選挙法改正とは機会構造の拡大ともみなせる。新
制度下での（調整議席による）総議員数増大により、州比例名簿は今まで以
上に重要な意味をもつ。選挙区で候補者に指名されない者、つまり重複立候
補ではない比例代表区のみの立候補者が選出されるチャンスは将来さらに大
きくなるかもしれないからである。とはいえ選挙区での指名を受けない比例
名簿のみからの当選者が増えることで、代表機能の質的強化がなされる訳で
はない。

（2）代表機能（従属性）

　民主制の下では選挙によって代表を送り出すべきである。そして代表と
は、何かしらの目に見えないものを可視化することである。人々の認識に影
響を及ぼすことで、代表するという行為は政治的な意識を創出して、さらに
自身の正当性も創出する。そして、その正当性は、激情、畏敬の念、霊性
（マックス・ヴェーバー）というよりも、「象徴的な資本」（ピエール・ブル
デュー）[6]、つまりはパフォーマンス的行為による言説的な秩序の蓄積
（ジュディス・バトラー）[7]に基づいている。

　言説（ディスコース）とは、人々の語る内容を体系的に創造する実践と行
為の総体である。ディスコースとは、人々が自身の語りと思索をする際に前
提として歴史的に先験するもので、認識の実践と定義される。そして語りと
はつねに行為（パフォーマンス）を意味する。あらゆる表現は、すべて既に
思索されたものであるディスコースを安定化させるか修正する。それと同時
に、話されたり、為されたりすることすべてをディスコースも修正して安定

6）フランスの社会学者（1930～2002年）。
7）アメリカの哲学者、ジェンダー研究者（1956年～）。

148

化させる。言説的な秩序とは、特殊な知識を体系的に言語化して積み重ねたものである。それは沈黙と語りの秩序であり、その秩序の内で 1 か 0 という二進法的な政治的コードが歴史を通して確立したのである。

　代表を選挙法によって演出することは、ここまで述べてきた秩序の効果であるだろう。その一方で演出とは、人間が主体的利益（意思の関係）、偶然の論理（構造の関係）、そして客観的な意味（象徴の関係）を表明して、再生産するパフォーマンス的な行為でもある。この演出には、世俗の司祭の機能（象徴的資本）も付与される。この司祭の機能はとくに代表機能を創出する。そして、その創出自体が代表機能を正当化するのである。とはいえこれは、引用句に基づく正当化のサイクル（反復）でもあり、パフォーマンスには限界がある。そのため、システム上の大きな課題に直面した際には、代表機能がそれを制限する原因となる。

　折しもドイツやヨーロッパでは、選挙制度改革の議論とは別に、シリア難民の流入が大きな問題となっている。ドイツにとって難民問題は（少なくとも 2015 年には）、主権なき例外状態を意味していた。ドイツへ向かう 100 万の人々は社会的な従属集団である。ヘゲモニー階級に属することのない難民は政治的に組織化されず、階級意識が形成されることもない。さらにいえば、難民の声はヘゲモニーの代表メカニズムによってほとんど黙殺されることになる。彼ら難民の沈黙は無視されることによってだけでなく、彼ら個々人が孤立することによっても生じるのである[8]。

8）ヨーロッパにおける現実の難民問題に直面して、ドイツで議論されている解決策の選択肢は明らかであろう。社会的な所属の空間は、経済資本・社会関係資本・文化資本の軸に沿って形成されており、ブルデューのいう象徴資本によって秩序づけられている。ここ何年かで起きたように、何百万もの人々がヨーロッパに避難してきて、庇護を求めてきた場合、我々には 3 つの選択肢がある。
　第一は、国家的・反動的な排除という選択肢である。これは今後の経済的・文化的な負担を予想した受け入れ制限や送還措置であり、ドイツでは「ドイツのための選択肢（AfD）」（反難民政党：訳者注）の主張である。第二は、リベラルな手法で処理される統合という選択肢であり、これは法的条件に則った受け入れである（メルケル政権の方針）。第三に、社会的な空間自体を破壊的（subversiv）・解放的に転換させる方法である。これは難民や移民を徹底して客人としてもてなすという方針によるもので、団体「難民歓迎」（Refusee Welcome）陣営の立場である。この点でデリダが指摘したことは正鵠を得ている。いわく、還元不可能な独特な存在・他者性を尊重しない民主制は存在

第2部　西ヨーロッパ主要国と欧州連合の状況

　ここにおいて、代理（Vertretung）と意見の表出という、代表（Repräsentation）の二重の意味が重要になる。この2つの意味が混同されることは不利な状況に置かれている集団にとって問題である。というのも、この不利な集団は締め出されて孤立しているからである。ドイツ人の代弁者たちは周辺的な集団の名を名乗って発言するかもしれない。だが、他方で現行の代表のシステムでは、この集団のための固有の意見の表出と代理は不可能である。このことから1つの帰結として、いずれの代理にしても意見表出をしながら効力を発揮すると指摘できる。すなわち、本質化（Essentialisierung）することなく意見の表出はできない（ガヤトリ・チャクラヴォルティ・スピヴァク[9]）のである。ドイツの現行の選挙制度は、こうしたヘゲモニー的な統治関係を強めるものとも考えられる。もしかしたら、この弊害は避けて通れないものであるかもしれない。だが、それでもなお選挙制度について問題化して批判的に捉え直していくべきである。

ま と め

　ドイツの選挙制度改革は技術的な問題、ないしは算術的な問題の解決を図るものであった。具体的には、負の投票価値の効果が調整議席による議席数の潜在的な増大可能性を通じて是正されている。この結果として、個人化された比例代表制がより強固なものとなり、同時に政治的なキャリアのための機会構造もさらに強化されている。

　だが、この選挙制度改革は同時に、代表を送れない集団の要求を、投票権を通して統合するチャンスを失うことにもつながった。議会制民主主義は、本質的には専門職の人々の参加によって成り立っている。政治参加の領域に専門家の権限を適用することで、議会制民主主義は代表を送れない集団の要

────────────

しないが、代表可能な主体の共同体をもたない民主制も存在しない、と（Deridda 2015, 47）。したがって未来の民主制は、分別と法と正義の間の緊張関係の中で、それゆえ不平等と平等に基づく理性の慣習と、各個人の尊厳、すなわち独特な存在との間の緊張関係の中で動くことになる。

9）インド出身でアメリカ在住の文芸評論家（1942年～）。

150

第7章　ドイツの選挙法改正

求を制限し、異在郷（ヘテロトピア、Hetrotopien）[10] を呼び起こすことになる。社会的に所属する場所のない人々の領域にはきわめて問題が多い。この領域は、ヘゲモニー的な要求を越えたところで、潜在的な解放可能性を内包しているのである。

それゆえ、政治学を実践する上でのもっとも有力な動機とは、真理を教授したり権威的に何かを忠告したりするよりも、（象徴的な資本を撤回し、）うわべの公式的な側面や政治倫理、自己信頼の本当の姿を暴き、疑うことである。その特徴は、イデオロギー的な批評ではなく、むしろアイデンティティの向こう側にある政治的な行為能力をテーマ化することである。ここで取り組むべき課題とは、アイデンティティに基づかないで、所属する権利を創出することである。その意味で、選挙法にはいまだ多くの課題があるといえよう。

2017年9月24日の連邦議会選挙の結果、709人の議員が当選することになった。それまでの議員数より79人の増員である[11]。肥大化した連邦議会に、納税者は毎年5000万ユーロ強の追加支出をすることになるだろう。連邦納税者協会会頭のホルツナーゲルはすでに、「XXLサイズの連邦議会」という「常識を超えた議会」の可能性にまで言及している。新たな選挙法と連邦議会の定数に上限を求める声は大きくなるだろう。議員が増えることが、自動的にデモクラシー（の質）が高まることを意味するわけではないのである。

10）ミッシェル・フーコが50年代初期に提示した概念。いかなる空間にも所属していない夢想の場所がユートピア（非在郷）なのに対して、実存はするが、現実から乖離していたり、そこに存在することをタブー視されていたりするような空間（例えば、墓地、売春宿、監獄など）をヘテロトピア（異在郷）と呼んでいる（訳者注）。ヘテロトピアとはいわば非所属（Nichtzugehörigkeit）の空間のことだが、分析的には、「積極的／消極的な政治的コミットメント」と「肯定的／否定的コミットメント」で4つに類型化することが可能である。①啓蒙的非所属（解放：積極的・肯定的）、②反抗的非所属（反乱：積極的・否定的）、③従属的（subaltern）非所属（無視されること（Unvernehmen）：消極的・否定的）、そして④ノマド的非所属（（国家・政府などの）転覆：消極的・肯定的）の2つの軸で4つに類型化できる。

11）連邦議会の元来の定数は598議席であるが、超過議席と調整議席により選挙毎にその数は変動する可能性がある。2013年から2017年の間は631議席、2017年には709議席になった。それ以前の最大議席数は定数削減前の1994年から1998年の672議席であった。

第 2 部　西ヨーロッパ主要国と欧州連合の状況

＜参考文献＞

加藤秀治郎．1985．『戦後ドイツの政党制』学陽書房．

河崎健．2015．「ドイツ連邦議会の選挙制度改革をめぐる議論―2013 年選挙の結果
　　との関連で―」『日本選挙学会年報・選挙研究』第 31 巻第 1 号，44-55 頁．

Derrida, Jacques. 2015. *Politik der Freundschaft*, Frankfurt a.M.（J. デリダ／鵜飼
　　哲他訳．2003．『友愛のポリティックス 1』みすず書房．）

Foucault, Michel. 1992. „Andere Räume", in: Barck, Karlheinz u.a.（Hrsg）：
　　Aisthesis. Wahrnehmung heute oder Perspektiven einer anderen Ästhetik,
　　Leiptig , S. 34-46.

（翻訳および補足：新川匠郎、河崎健）

第8章	
	欧州議会の選挙制度改革

新川　匠郎

はじめに

　本稿では、欧州議会における選挙制度改革をテーマとする。選挙制度改革については、様々な国の分析がこれまで進められてきている（例えば、Rahat / Hazan 2011）。しかし、提起されている理論枠組みを欧州議会のケースにそのまま用いることは難しいだろう。これは欧州議会の議員が各国の議会と同じように有権者から直接選ばれる一方で、欧州議会は国会と異なり複数の国をまたぐ超国家組織であることに起因する。そこでは、選挙制度改革に向けた因果的仕組みがより複雑であると考えられる。この問題意識から本稿では、国を超えて行われる最大規模の民主的選挙の特徴とその制度改革の経緯を明示化することに注力したい。

　欧州議会の原型は1950年代に既に存在しており、1970年代には欧州議会で直接選挙法の導入が実現していた。この選挙の手続きは国毎に違うものであったが、90年代以降に転機を迎えて、選挙制度を比例代表に統一する改革が行われた。本章は欧州議会の背景・特徴を追っていき、この改革の経緯についてひもとくことを目的とする。結論を先取りすると、この分析では欧州議会のユニークな文脈（各国事情・国際関係の連関）が改革に影響を及ぼしたことを否定しない。しかしその一方で、欧州議会に存在する政党（欧州政党）による働きかけを選挙制度改革のロジックにおいて無視できないとも提起する。

　本稿は以下の構成で議論を進める。まずは、国別で行う直接選挙を欧州議会で導入するに至った背景について確認する。次に直接選挙を始めてからの欧州議会の特徴を概観して、その後に議会へ国毎で議員を選出する選挙制度

153

第2部　西ヨーロッパ主要国と欧州連合の状況

のバリエーションを整理する。選挙制度の多様性が存在する一方で、いかに比例代表の選挙制度という統一的な手続きに向けた議論が欧州議会で展開したのだろうか。この点を時系列で追っていき、考察部で改革を実現可能にしたロジックについて検討する。

1　欧州議会の背景

ヨーロッパにおける国際的な議会の構想とは、欧州を戦場にした二度の大戦に対する反省から始まったものではない。これは欧州での平和計画案の一環として脈々と受け継がれてきたものである（中原1978）。しかし戦後に至っていえば、1948年オランダ・ハーグの欧州会議にみる言明を直接選出する超国家的な議会の実現に向けた契機として挙げることができる。そして　この目標は1951年の欧州石炭鉄鋼共同体（以下ECSC）の取り決めの内で明文化されることになる。ここではECSCの設立期である50年代から直接選挙法を導入した70年代に至るまでの欧州議会の背景を確認する。

（1）欧州石炭鉄鋼共同体の時期

ドイツとフランスの対立解消、そして欧州連邦を念頭におく平和実現のための提案であった「シューマン・プラン」を基にECSCは1951年に成立する。これはドイツとフランスのみならず、イタリア、ベルギー、オランダ、ルクセンブルクも含む6か国間の合意に基づくものであった。このECSCの最高機関において、「シューマン・プラン」の構想者であったフランスのジャン・モネが初代議長に任命されている。この下で共同総会（common assembly）の創設準備が行われて、1952年にその活動を開始している。

共同総会には、総議員の過半数以上に基づく不信任案で最高機関のメンバーを総辞職させる権限があった。それにもかかわらず、共同総会が諮問機関という地位に留まった一因として、議員選出のメソッドが挙げられる（Scully 2010：163）。共同総会の議員選出法とは次の2通りと定められていた。

154

それは各国の議員から選出される、ないしは直接普通選挙で選出されるというものである。この内の前者、つまり各国の国会議員を選ぶという選出法のみが共同総会で用いられていた。そのため、議員にとって共同総会はあくまでもパート・タイムの存在でしかなかったのである。

後者のメソッドである直接選挙を欧州レベルで実施することについては、最初の会期が始まる前から既にテーマ化されていた。そして、このアイディアは、1952年から1954年にかけて議論された欧州防衛共同体の構想の下で具体化していた。それは、下院議員が欧州レベルで直接選出されて、上院議員が各国の議会から選出されるという提案に見て取れる（Costa 2016：13-14）。しかし、この案は欧州防衛共同体の条約が発効しなかったために結果的に立ち消えとなってしまった。

(2) 欧州諸共同体の前後の時期

その後は、共同総会からECSCの権限拡大の提案がなされている。この提案は欧州原子力共同体（EURATOM）および欧州経済共同体（EEC）の条約に連なるものであった。なお1957年ローマ条約の締結に際しては共同総会からの申し入れにより、ECSC・EURATOM・EECの三共同体は総会と司法裁判所に関して共通の機関をもつことが認められている（中原1978：113）。

この三共同体の共通の総会が設置される際に、議員たちはローマ条約で規定されていた共同総会の呼称を「議会的総会」へと改めている。これは、この機関に議会的機能を今後もたせたいという希望の反映であったという（児玉2004：229）。この議会としての地位確立のために、翌年には議会的総会の内で選挙制度を見直す場が設置されている。そして1960年には、ベルギー社会党のドゥウース（Fernand Dehousse）によって起草された直接選挙に関する提案が審議にかけられている。この案は確かに、議会的総会で大多数の支持を得た。またイタリアのように個別で直接選挙法を導入しようとする動きもあった。しかし1963年、そして1969年のその後の改革案も含めて、

加盟国政府の人員で構成される理事会（現在の Council of the European Union）で取り上げられることはなかった（Corbett et al. 2016：14）。

選挙制度改革の機運が高まっていったのは、1962 年に議会的総会が自らを「欧州議会」と呼称し始めてから約 10 年後のことである。国家の主体性を強く主張してきたフランスの大統領ド・ゴールが 1969 年に辞職したことをその発端と位置づけることができる。この時期は欧州議会の予算に関する権限が強められて、イギリス、デンマーク、アイルランドなどとの欧州拡大に関する交渉も進んだ（Scully 2010：166）。また各国政府の間で、年 3 回の会合を欧州理事会（European Council）という形式で制度化することも取り決められている。

こうした欧州統合の進展の中で、欧州議会の役割認識に対して変化が生じていった。欧州議会内部では例えば、1972 年にフランスの憲法学者ウェデル（Georges Vedel）を首班として、欧州議会の権限拡大を検討する場が設けられていた。そこでは、1960 年にドゥウースが提起していた直接選挙法の導入が改めて確認されるに至っている。

（3）欧州議会での直接選挙法の導入

1970 年代初頭、各国で欧州議会の直接選挙法について議論されていたものの、その実現は困難とみなされていた。問題の 1 つであったのは、1957 年のローマ条約で掲げられていた選挙制度の「統一手続き（uniform procedure）」に関してであった。

しかしフランスのポンピドゥー大統領、その後を継いだジスカール・デスタン大統領、更にはドイツのブラント首相の後任であるシュミット首相の登場は、直接選挙法の導入も含めた欧州統合の追い風になったという（Costa 2016：18-19）。これを背景に 1974 年には、オランダ労働党のパテイン（Schelto Patijn）が欧州議会内で選挙制度改革の案を起草している。そこではドゥウース案以降にみる直接選挙法導入の難しさへの認識と共に、より現実的な案が提出された（金丸 1982：109-110）。そして同じ年の末には、パリ・サミッ

トに出席した各国の首脳たちによって、直接選出する欧州議会を 1978 年までに実現させるという取り組みが宣言された。

パテイン案は最終的に 1975 年 12 月に理事会へ送られている。この案は選挙法の各手続きの標準化が時期尚早なものとして、民主的な選挙の基本原則のみが書かれたものとなっていた（児玉 2004：240）。しかし、この原則のみのものでも各国メンバーが合意に至るのは容易ではなかった。例えばイギリスでは、ウィルソン労働党政権の下、1975 年にレファレンダムが実施されて共同体への残留が決まっていた一方で、欧州懐疑派メンバーの反対は根強かったという（Costa 2016：20）。

また直接選挙法の導入で大きな問題となったのが、欧州議会の議席配分である（詳しくは、金丸 1982：105-139）。採択されていたパテインの案では議席数を 355 として 4 大国での異なる配分が想定されていた。具体的にはドイツ 71 議席、イギリス 67 議席、イタリア 66 議席、そしてフランス 65 議席という配分案であった。だがこれは、今まで均等であった 4 国の議席比率（36 議席ずつ）を損ねるというクレームがついたのである。この国家的基準と人口的基準が交錯する問題に対しては各国それぞれの案も出された。しかし最終的には、1976 年の首脳会議を経て 4 大国へ 81 議席ずつ配分する案で決着を見ている。

この首脳会議の 2 か月後に理事会で、「1976 年 9 月 20 日の直接普通選挙による欧州議会の代表の選出に関する法」の採択がなされるに至っている。初めての直接選挙はもともと 1978 年に行われることが予定されていた。だが各国での選挙法制定の準備の結果、1 年遅れとなる 1979 年に 9 か国（最初期の加盟国＋イギリス、アイルランド、デンマーク）で実施となった。

2 欧州議会選挙の特徴

ここまでは欧州議会で直接選挙法を導入するまでの経緯を確認した。以下では、1979 年から始まった直接選挙の基本的な特徴を概観していく。欧州議会の議員は、各国での選挙を通じて選出される。そして、選挙時の候補者

擁立に際しては各国の政党組織が重要な役割を果たす。しかし欧州議会選挙は、国を超えた性質を合わせもっている。そこでは各国の政党が、この欧州レベルの選挙戦に対応すべく動いている。例えば ECSC の共同総会時代から存在した社会主義、自由主義、キリスト教民主主義を掲げた 3 会派は、1976 年までにはそれぞれ国際的な政党間協力を組織化させている（中庭 1978 を参照）。

　以下ではまず、①社会主義系（現在の Progressive Alliance of Socialists and Democrats）、②自由主義系（現在の Alliance of Liberals and Democrats for Europe）、③キリスト教民主主義系（現在の European People's Party）の 3 つの会派、および他の 6 つの政党グループの推移を見ておく[1]。

　図 1 は 1979 年以降、5 年おきに実施されてきた欧州議会選挙の結果を、9 つに分けた欧州議会グループの議席配分の比率から示したものである。ここからはまず、社会主義とキリスト教民主主義を中心とする政党グループが合計して総議席の半分以上を占めてきたことについて読み取れる。社会主義系とキリスト教民主主義系のグループはいわゆる二大政党として欧州議会でこれまで中心的な役割を果たしてきたといえよう（Kreppel 2002；安江 2007）。

　しかし図 1 で示してある小政党、例えば左派、緑、自由、保守などに目を向けると異なる欧州議会の特徴も見えてくる。1979 年から 2014 年にかけて、これら小政党のプレゼンスを勘案して算出される議会の有効政党数（エス

---

1) ここではコルベットらのまとめに従った（Corbett et al. 2016：88）。他の政党グループとしてはまず、イギリス・デンマークの保守党を中心とした保守系政党グループを挙げる。この会派は 1992 年にキリスト教民主主義系のグループへ合流したが、2008 年にはイギリス保守党を中心に「欧州保守・改革グループ（European Conservatives and Reformists）」として再結成している。そして 2000 年代初頭まで議会にあった、ド・ゴールの考えに賛同していた政党の集まりを国民保守とここではグルーピングしている。
　また環境保護に力点を置く会派を緑に分類している（現在の Greens-European Free Alliance）。ただし、この会派の内には 1989 年選挙結果で議席を得た地域主義を含むレインボーグループ、1994 年のレインボーグループの分裂で残った European Radical Alliance を入れていない。そして、共産党を含む左派の政党グループには一つのカテゴリーを設けている（現在の European United Left-Nordic Green Left）。
　最後に、1994 年以降に登場した欧州統合へ懐疑的な政党グループを別個に取り扱う（現在の Europe of Freedom and Direct Democracy）。なお、ここまでのグルーピングに入らなかったものは、「右派を含む諸派」という類型に落とし込んでいる。

図1 欧州議会選挙の結果（1979-2014年）

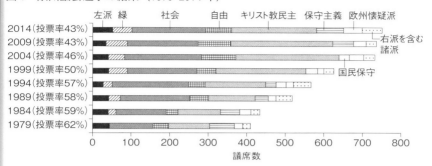

出典：European Parliament（2009）およびCorbett et al.（2016）を参照にして、筆者作成

コアは4.0から5.5の間で推移する。これは、欧州議会の二大政党に必ずしも議席が集中していなかったことを示すものである[2]。

また小政党の中では1994年選挙以降、欧州統合に懐疑的な政党グループがその議席を伸ばしてきている。欧州統合に肯定的でない考えは、保守系のグループでも見いだしうる（Corbett et al. 2016：87）。しかし、それとは別グループで、欧州懐疑派の政党グループが伸長してきたことは欧州議会の1つの動態的な特徴といえる。欧州政党の政策位置分析によれば、ECSC時代から存在した3会派は1979年から2014年にかけて親EUを示すプラスの値を常に示してきた（最小3.1、最大17.1）。これに対して、欧州懐疑派グループの政策位置は反EUを示す強いマイナスの値であったという（Braun et al. 2015；Schmitt et al. 2016）。この古参の3会派がカバーしてこなかった位置を欧州懐疑派が明確に占めて議席を増やしたことは、親欧州と反欧州というヨーロッパレベルでのイシューがこれまで以上に顕在化しつつあることを示している。

ただし有権者が、欧州レベルのイシューを重要な政策的争点とみなしてき

---

[2] 議会の有効政党数（Effective Number of Legislative Parties）は、各党の議席占有率を二乗した値について合計して、その値を1で割って算出する。この計算式の下では、二大政党がもし50％ずつ議席を分け合う状況であったならば2.0のスコアを算出することになる。

第 2 部　西ヨーロッパ主要国と欧州連合の状況

たのか、図 1 で示した投票率から読み取ることはできない。1979 年選挙で記録した 62％以降、全体での投票率は 2014 年まで継続的に下がってきた。つまり、欧州レベルのイシューを争点にした選挙が有権者の関心を寄せるものとなってきたのか、この数値からだけでは見えてこないのである。これまで欧州議会議員とは、国別での選挙を通じて選出されてきた。ここにおいて欧州議会選挙は国政選挙の劣位にある、「二次的なもの」という側面を払しょくできてはいないと考えられている（Raunio 2015 : 255）。

3　各国別での選挙制度

ここまでは欧州議会の特徴を概観した。以下では、この議会へ国毎に議員を選出してきた選挙制度の多様性について時系列で整理していく。

(1)　初期メンバー国の選挙制度（1979 年）

1979 年の欧州議会直接選挙では、国内選挙と同じように執り行われること、その選挙権は 18 歳[3] からであることなど、9 国内に共通点があったかもしれない。しかし、この選挙は各国の違いがより際立っていた。

選挙制度の違いの最たるものはイギリスでの小選挙区制、いわゆる多数決型の選挙制度の使用に見て取れる。この国政選挙と同様の選挙制度を採用したことは、他の国々が比例代表の選挙制度を導入したことと対照的であった。例えば第五共和制以降において多数決型の選挙制度を敷いてきたフランス（1986 年を除く）でも、比例代表制が欧州議会選挙で採用されている（Lijphart 2012 : 130-157 も参照）。ただしイギリスでは、北アイルランドにおいて単記移譲式の選挙制度を導入している。この試みは、アイルランドとの外交問題や多元社会での紛争解決を考えた結果とも指摘される（例えば、金丸

3）2014 年にオーストリアで 16 歳へ選挙権が付与されるまで、すべての国が 18 歳以上に選挙権を与えていた（Feldkamp 2015 も参照）。

第 8 章　欧州議会の選挙制度改革

1982：246)。

　各国の違いとは、イギリス以外の国がいかなる比例制を敷いたのかという点からも浮き彫りにできる。その特徴とは、①党名簿に投票する拘束名簿式、②選好投票によって意中の候補の順位を変えうる、③ないしは名簿ではなく党の立候補者に投票する非拘束名簿式に大別できる（Hix／Hagemann. 2009：42)。イギリスを除いた8か国の内では、ドイツとフランスが拘束名簿式、オランダとベルギーは候補者の順位を変えうるもの、そして残りの国が候補者を指定する非拘束名簿式の選挙制度へ分類される。

　ただし、この比例制の下位類型で各国別の特徴もあった。拘束名簿式のドイツ、フランスは共に多党化を防ぐための阻止条項（5%）を敷いたものの、全国一選挙区のフランスとそうではないドイツ[4]、議席配分の計算式はドント式（フランス）なのか否か（ドイツ）という違いがあった。次に候補者の順位を変えうるオランダとベルギーにおいては政党レベルでの阻止条項がないこと、議席配分の計算式がドント式という点で共通するものの、社会構成の異質さが地域別で明確なベルギーでは複数選挙区制、そして義務投票制を採用していた。最後に他の非拘束名簿式の国では政党レベルでの阻止条項はなかったものの、議席配分の計算式、選挙区割り、義務投票制の有無においてそれぞれ違いがあった。

(2) 各国の選挙制度（1984-2004 年）

　1984 年の欧州議会選挙はギリシャが参加してから初めてのものであった。ギリシャではフランスと同様に全国一区の拘束名簿式、阻止条項（3%）が採用された一方で、ベルギー・ルクセンブルクと同種の義務投票制が導入されている（Baimbridge／Darcy 2001：256)。またデンマークでは、16 議席中 1 議席が割り振られていたグリーンランドの欧州諸共同体からの離脱表明問題

4）ドイツでは州単位の選挙名簿を提出することも可能であった。州別に名簿を作る戦略は特に、バイエルン州の地域政党と提携している全国政党のキリスト教民主同盟によって活用されていた。

161

第 2 部　西ヨーロッパ主要国と欧州連合の状況

から、全国一区での選挙実施としている。

　続く 1989 年からはスペイン、ポルトガルを含む計 12 か国において欧州議会選挙が行われるようになった。この 2 つの新加盟国では全国一区の拘束名簿式、議席の計算方式もドント式と類似した制度が敷かれている。また被選挙年齢について当時の西ドイツ、デンマークのみが採用していた 18 歳を両国ともに採用していた。こうした 12 か国内での選挙制度の違いは次回選挙、1994 年欧州議会選挙においても変わらず見られた。ただし均一に計議席を分け合っていた 4 国（イギリス、フランス、ドイツ、イタリア）の比率は、東西ドイツの統合の結果、ドイツ 99 議席、他は 87 議席ずつと違いが生じている。

　オーストリア、フィンランド、そしてスウェーデンを加えた 15 か国での欧州議会選挙が 1999 年から始まった。オーストリアとスウェーデンの選挙制度は名簿候補者の順位を変えうる選挙制度、阻止条項を 4 ％、義務投票なしで定めた点で共通している。だが議席の計算方式は前者の場合がドント式で、後者の場合は修正サン＝ラグ式、被選挙年齢はオーストリアが 19 歳、スウェーデンは 18 歳と違いも見られた（Feldkamp 2015：3）。この違いは、例えばスウェーデン国政選挙の阻止条項 4 ％、修正サン＝ラグ式に見るように、国の選挙制度をベースに欧州議会選挙の制度も考案された結果と推察できる。これら 2 国の特徴と比べると、フィンランドの選挙手続きは党の各候補者に投票する種のもので、ドント式での計算、被選挙年齢 18 歳以上で定められていた（Baimbridge / Darcy 2001：256）。

　なお、この選挙では新しく加わった国のみならず、1979 年から欧州議会に参加してきた国でも大きな改革を見て取れる。具体的には、この年の選挙からイギリスは 12 の選挙区を設けた拘束名簿式の比例代表制へ移行している。これは、1997 年の国政選挙で労働党が掲げていた、欧州議会の選挙制度改革案が実現した結果といえよう。

第8章　欧州議会の選挙制度改革

（3）各国の選挙制度（2004-2014年）

　2004年選挙はキプロス、マルタ、そして中東欧8か国（チェコ、エスト
ニア、ハンガリー、ラトビア、リトアニア、ポーランド、スロバキア、スロ
ベニア）も含めた計25か国が参加する最大規模の選挙となっている。この
選挙に参加した新たな10の加盟国内で、義務投票制を敷いたのはキプロス
のみであった。またマルタは、自国の選挙制度と同様に単記移譲式の選挙制
度を敷いたことを見て取れる。

　残り8か国、いわゆる社会主義陣営に属していた国では選挙制度の共通性
よりも多様性が目立つ。確かに、いくつかの中東欧諸国では議会内会派の破
片化を防ぐための阻止条項が設定されていた。だがハンガリーは拘束名簿式
の選挙制度を敷いていたこと、ラトビア、リトアニア、スロバキアはドント
式とは異なる議席の計算法、ポーランドでは13の選挙区が設定されていた
ことなど、国別での違いも少なくない（Feldkamp 2015を参照）。

　また初期メンバー国フランスでも選挙制度の変更が見られた。それはジョ
スパン大統領の下で構想されていた、選挙区を8つに分けて欧州議会選挙を
行うというものである。これは選出される欧州議会議員と投票者の距離を縮
めるという狙いがあった一方で、組織力で劣る共産党や緑の党などの小党に
とっては受け入れがたいものであったという（Corbett et al. 2016：18）。

　次の選挙年である2009年とは、ブルガリアとルーマニアが他の25か国と
同時に欧州議会選挙へ参加する年となった。ルーマニアの選挙制度では拘束
名簿式・ドント式に基づく議席計算であった一方、ブルガリアは拘束名簿式
の比例代表制でもドント式の計算方法でもなかった（同上：20）。なおこの年
の選挙では、既に参加してきた国のルール変更を散見できる。ドイツでは議
席の計算方法が、1979年から用いられてきたヘアー・ニーマイヤー方式か
らサン＝ラグ・シェーパース方式へと変更された。またイタリアでは、これ
まで設定されてこなかった政党に対する阻止条項を4％という形で設けてい
る。これに加えて、エストニアでは2009年から拘束名簿式の比例代表制へ

163

変更したことを見て取れる（Sikk 2009）。

2014 年の欧州議会選挙は、27 か国にクロアチアも含めた 28 か国での実施となった。クロアチアのケースは拘束名簿式ではなく、全国一選挙区で行われる比例代表制に特徴づけられる（Corbett et al. 2016：20）。この新規加盟国以外でも 2014 年から、いくつかの国が新たな制度を運用し始めている。例えば、ドイツは 2014 年欧州議会選挙から阻止条項を全面的に撤廃することを決定した。またギリシャでは、1980 年代から欧州議会選挙で用いてきた拘束名簿式から非拘束名簿式への制度変更を見て取れる。そして同様の試みは、2009 年に拘束名簿式へ変更していたエストニアでも観測できる。

4　選挙制度改革に向けた議論

以上では、欧州議会選挙における各国のバリエーションを時系列で整理した。そこでは各国の文脈に基づく相違、更にはそれを踏まえた上での選挙制度の変更を見て取れた。この多様性は、選挙制度を一本化することが容易でないことを想起させる。しかしながら欧州議会では、統一的な手続きに向けた選挙制度改革の第一歩を 1990 年代の取り組みの中から実現させた。どのように選挙制度改革を促す議論が進んできたのか。ここでは、1979 年以降の改革の議論を時系列で確認する。

1979 年に直接選挙法は導入されたものの、先述のように、掲げられていた欧州議会選挙の「統一手続き」という理想からはほど遠いものであった。そのため、欧州議会では更なる選挙制度改革に向けた議論が継続的に行われてきた。

1979 年選挙後の会期における動きとしては、キリスト教民主主義系の欧州政党に属していたフランスのザイトリンガー（Jean Seitlinger）による報告書を挙げることができる。この案ではドント式の計算に基づく比例代表制をベースに、3 から 15 の議席を争う選挙区の設置が想定されていた。このプランは 1982 年に議会で賛同を得たものの、理事会で大きく取り上げられることはなかった（Costa 2016：36）。

第 8 章　欧州議会の選挙制度改革

　これを踏まえて 1984 年選挙後の会期では、キリスト教民主主義系の欧州政党に属したドイツのボックレット（Reinhold Bocklet）が草案作成に乗り出している。1985 年に報告書という形でまとめられたこの案では、比例代表制による統一手続きに向けた段階的な措置が提言されていた。ただし、その案は委員会で多くの支持を集めるには至らなかった。この結果、他のワーキング・パーティで、この比例代表制案へ多数決型の要素（個々の候補者への投票）を付与したドラフト作成が試みられている。しかし、これにも抵抗があり、結果的にはこの会期で理事会へ改革案が送られることはなかった（Corbett et al. 2016：15）。

　第 3 回となる 1989 年選挙後の会期では、自由主義系の欧州政党に所属するベルギーのデ・フフト（Karel de Gucht）が統一手続きに向けたドラフトづくりを行っている。1993 年に欧州議会で採択されたデ・フフト案の特筆すべき点は、選挙手続きのあらゆる点で統一が求められるのではなく、基本的特徴が調和されるべきという考え方にある。この案については続く 1994 年からの会期に、欧州議会が理事会で検討するよう働きかけている。しかし、それへの返答として理事会は提案保留という態度を表明している。この時、長年の選挙制度改革に対する消極的姿勢から、欧州議会は理事会の取り組み態度を「不正行為」として欧州司法裁判所に提訴する構えさえも見せていたという（児玉 2004：244-245）。

　この欧州議会と理事会の間での膠着状態は、1997 年イギリスでの政権交代によって転機を迎える。ブレア労働党政権による選挙制度改革は、アムステルダム条約に向けた政府間会議で欧州議会選挙のルールへ踏み込んで議論することを可能にした。この結果、1997 年に調印されたアムステルダム条約は次のような欧州議会の提案を認めるものとなった（Costa 2016：37）。1 つ目は、全メンバー国が従う統一的な直接選挙法案を提示するという従来型のものである。そして 2 つ目は、全加盟国での「共通する諸原則（common principles）」に従った直接普通選挙デザインを提案するという従来型よりも柔軟さを兼ね備えたものであった。

　これを受けて約 1 か月後に欧州議会議長は、選挙手続きの提案に向けた報

165

告書作成を制度問題委員会に求めた。そこではキリスト教民主主義系のグループに属するギリシャのアナスタソポロス（Giorgios Anastassopolos）が法案の策定に入っている。そして、アナスタソポロス・レポートは法案として1998年に欧州議会の本会議で審議されることになった。この審議では確かにEU加盟国を包括する単一の選挙区、つまり国家横断的な議員選出枠[5] の規定修正について社会主義系のグループから提起されている。そして、この単一欧州選挙区の条項は棚上げになったものの、最終的に彼の案は変更を踏まえた上で採択されることになった。

　この選挙制度改革案は欧州委員会での若干の修正を加えた上で認可されて、その後の欧州議会での承認手続きを通じて2002年に最終決定、2004年選挙から実施される運びとなった。具体的には単記移譲式ないし比例代表制の使用が定められて、比例性を損なわない限りでの複数選挙区の容認、阻止条項の上限5％、欧州議会議員による国会議員の兼職禁止なども同時に決定された。

5　考　察

　ここまでは選挙制度改革に向けた議論の推移を概観してきた。国別で選挙制度のバリエーションがあり、長らく改革が進まなかった欧州議会で、比例代表の選挙制度で統一するという改革に至った要因とは何であったのか。以下では、この点に考察を加える。

　欧州議会の選挙制度改革を説明するにあたっては、超国家組織という性質上、国内・国際の二層に基づく「リベラル政府間主義」の接近法が有効かもしれない（例えば、Moravcsik 2002）。具体的には、1990年代後半のイギリス国内での変化とEU加盟国間でのアムステルダム条約調印までの過程に見た「国益の収れん」という国内・国際の二層レベル・ゲームの帰結とみなする

---

5)　なお候補者の国籍と選挙に出馬する国が異なるという意味での国家横断的な議員選出の手続きは、欧州議会選挙において既に実践されている（Corbett et al. 2016 : 21）。

のである。

　ただし、こうした説明は比例代表の選挙制度への改革に関する因果的仕組みを十全にとらえるものでない。そもそも誰が欧州議会の選挙法改正を推し進めてきたのか。多くの立法発議権は欧州委員会にあったものの、選挙法に関しては欧州議会にその発議の権限があった。では議会において、いかに比例代表の選挙制度で統一するという案はまとめることができたのか。この選挙制度改革のメカニズムを考える上で、欧州議会に存在する政党（欧州政党）の相互作用は無視できないだろう（Martin / Rasch 2013 も参照）。つまり国内・国際の関係変化は見過ごせないものの、具体的な選挙制度改革案をどうやって練り上げていくのかは欧州議会にゆだねられていた問題といえる。そこで以下では、選挙制度改革の因果的仕組みの一端をひもとくため、欧州政党に注目しつつ改革に向けた条件を探る。

（1）欧州議会の権限強化

　抜本的な選挙制度改革は目標としてあっても、それが実際に行われたケースは多くない。これに関しては、経路依存・憲法改正に向けた制度的ハードルの高さという理論的切り口から長らく議論されてきた（Rahat / Hazan 2011）。欧州議会の場合でも理事会での全会一致という高いハードルがあった。しかし、この表決方式は 1987 年の単一欧州議定書において緩められている。そこでは、欧州議会が選挙制度改革案を提案して採用される可能性は高まったと考えられる。ただし、この法的なハードルが低くなっただけでは改革を行う行為者の主体的な理由は明らかではない。

　そこではむしろ単一欧州議定書、そしてその後の条約を通じた欧州議会の権限強化が、欧州政党を改革実現にかりたてた条件であっただろう。欧州議会はもともと、理事会と協議する「諮問（consultation）」機関でしかなかった。それが 1987 年の単一欧州議定書によって、協議の関係から「協力（cooperation）」関係へと変貌を遂げた。そして、1993 年のマーストリヒト条約では協力関係から「共同決定（codecision）」の関係にまで至っている

（詳しくは、日野 2016）。

　こうした欧州議会の権限拡大の中で、それに比例した正当性を統一的な選挙手続きによって担保しようとする機運が高まっていったと考えられる。1989 年選挙以降に見たデ・フフトの選挙制度改革案に関して、欧州議会が理事会に対して強い姿勢で臨んだのは、こうした背景があったと推察できるのである。

（2）政策的多元性の確保

　欧州議会の選挙制度が比例性を重んじるものに収れんしたことについて、欧州議会の背景条件を無視できない。具体的には、欧州議会メンバー国の多くが属している大陸ヨーロッパで文化的に比例代表制が好まれてきて、複数国を内包する欧州議会の多元社会というべき状況では比例代表の選挙制度が選ばれやすい、といった条件が先だって存在しているだろう（Rahat / Hazan 2011：481-482）。しかしこれらは、極めて論争の余地が多い改革案を多くの支持と共に欧州議会内で取りまとめることができた因果メカニズムまで光を当てた説明ではない（児玉 2004：255）。

　ここにおいて投票時の政党数と議会の政党数がフィットしなくなることで、比例代表制への制度改革が生じるという規範的な議論が説得力をもってくるかもしれない（Colomer 2004）。しかし欧州議会の場合、加盟国の政党によって欧州政党が結成される。そのため、各国の政党が同じタイミングでそれぞれの敷いていた選挙制度を機能不全と認識して、欧州議会の選挙制度改革に向けて結束したとは考えにくい。

　こうしたシステムレベルでの認識共有は、統一的手続きがなかったために困難と想定できる。その一方、欧州政党それぞれのもつ合理性から選挙制度改革への一致した動機はもちえただろう。ただし従来の行為者に立脚した説明では、既成政党が議席数の保持・増加という目的をもって、選挙制度改革への合理性を働かせると考えられてきた（Shugart 2008 を参照）。これに対して欧州議会の選挙制度改革では、先でも述べたように、非多数決型を統一的

第2部　西ヨーロッパ主要国と欧州連合の状況

　欧州議会では議員の出席率の低さという問題も相まって、そもそも二大政党を含んだ大連立による法案通過が稀ではなかった（安江 2007：108；Bressanelli 2014：Ch. 8 も参照）。そこでは二大政党間のコンセンサス、いわゆる大連立が促進される構造的な特徴を 2000 年代に入るまで保存してきたことが統一的な欧州議会の選挙制度導入に寄与したと推察できる（更なる議論は、Kreppel ／ Hix 2003 も参照）。

むすびにかえて

　これまでの研究では欧州議会の選挙制度改革へ多くの関心が向けられてこなかった。確かに 80 年代以降、欧州議会が重要な研究対象とみなされるようになってきたものの、とりわけ日本では欧州議会の立法過程・制度改革にフォーカスした研究が少なかった。また欧州議会の選挙制度改革を分析する上で方法論的な問題もあっただろう。近年では欧州議会の立法過程をひもとくために、少数の観測事例に制限されないデータ・ベースを活用することが盛んになってきている（Hix et al. 2003：194）。しかし定量的分析は、欧州議会の選挙制度改革のように非常に限られた観測事例しかないテーマで用いることは難しかったと考えられるのである。

　こうした研究の中で本稿は、欧州議会の背景・特徴を追っていき、選挙制度改革の経緯についてひもとくことを試みてきた。この考察では確かに、イギリスの転換、欧州統合の深化、そしてソ連圏の崩壊といった各国事情　国際関係の変化が欧州議会の選挙制度改革に影響を及ぼしたことを否定できない。しかし考察部では、欧州政党による働きかけを欧州議会の選挙制度改革のロジックにおいて無視できないとも提起した。具体的には、選挙制度改革に向けた欧州政党の働きかけを可能にする、①欧州議会の権力拡大、②政策的多元性の確保、③欧州議会で大連立が不可能でなかったこと、という三つ

6）これを 2014 年選挙から導入したことは、統一的手続きに向けた新たな一歩とみなしうる。だがこれは国別の導入になったこと、委員長選出への法的拘束力がなかったことなどから不完全な制度化と評価される（Christiansen 2016）。

第2部　西ヨーロッパ主要国と欧州連合の状況

　これら条件の精査に合わせて、政策的な多元性の確保という条件も更なる分析が必要となってくる。これは、EU加盟候補が欧州議会での政策的多元性を考え直させる契機となることに留まらない。イギリスのEU離脱の問題も、欧州レベルの意見代表の再考と連動してくると考えられるのである。

　本稿では、通常の民主制下で議論されてきた理論枠組みが欧州議会の選挙制度改革メカニズムをひもとく上で補完的な役割を果たす可能性を否定しない。しかし超国家組織という性質によって、欧州議会の分析で得られる知見は限定されたものとなるだろう。ただし、こうした選挙制度改革の仕組みに関する分析は、他の超国家的な組織と比較分析するための準備になるとは考えている。

＜参考文献＞

金丸輝男. 1982. 『ヨーロッパ議会』成文堂.

児玉昌己. 2004. 『欧州議会と欧州統合』成文堂.

中原喜一郎. 1978. 「欧州議会と国際政党」『国際政治』第59巻, 134-159頁.

新川匠郎. 2018. 「欧州政党による選挙制度改革」『選挙研究』第1号.

日野愛郎. 2016. 「欧州議会の機能と構造」福田耕治編『EU・欧州統合研究』成文堂, 137-152頁.

安江則子. 2007. 『欧州公共圏』慶應義塾大学出版.

Baimbridge, Mark, and Darren Darcy. 2001. "European Electoral Systems and Disproportionality." In *The 1999 Elections to the European Parliament*, ed. Juliet. Lodge. New York: Palgrave, 252-262.

Braun, Daniela, Schmitt, Hermann, Wüst, Andreas, Popa, Sebastian Adrian, Mikhaylov, Slava, and Dwinger, Felix. 2015. "European Parliament Election Study 1979-2009, Version 1.1.0." *Euromanifesto Study GESIS Data Archive*, Cologne.

Bressanelli, Edoard. 2014. *Europarties after Enlargement: Organization*. Basingstoke: Palgrave Macmillan.

Christiansen, Thomas. 2016. "After the Spitzenkandidaten." *West European Politics* 39(5)：992-1010.

Colomer, Joseph. 2004. "The Strategy and History of Electoral System Choice." In *Handbook of Electoral System Choice*, ed. Joseph Colomer. Basingstoke: Palgrave Macmillan, 3-80.

第2部　西ヨーロッパ主要国と欧州連合の状況

1.0.0." *Euromanifesto Study GESIS Data Archive*, Cologne.

Scully, Roger. 2010. "The European Parliament." In *European Union Politic-*, 3rd ed. eds. Michelle Cini and Nieves Pérez-Solórzano Borragán. Oxford: Oxford University Press, 162-175.

Shugart, Matthew. 2008. "Inherent and Contingent Factors in Reform Initiation in Plurality Systems." In *To Keep or to Change First Past the Post* ed. Andre Blais. Oxford: Oxford University Press, 7-60.

Sikk, Allan. 2009. "The 2009 European Elections in Estonia." *European Parliament Election Briefing* No 41. European Parties, Election and Referendums Network（EPERN）.

主要著書・論文：「イタリア憲法裁判所と地域国家」曽我部真裕・田近肇編『憲法裁判所の比較研究』（2016 年、信山社、175-192 頁）、「イタリアにおける二院制議会の制度枠組とその帰結」岡田信弘編『二院制の比較研究』（2014 年、日本評論社、105-115 頁）、「イタリアにおける選挙制度改革」『外国の立法』（2006 年、第 230 号、132-147 頁）ほか。

Marc-Pierre Möll（マーク＝ピエール・メル）

ベルリン・フンボルト大学講師。専攻・全体主義研究、政治思想・政治哲学。

主要著書・論文：*Gesellschaft und totalitäre Ordnung: Eine theoriegeschichtliche Auseinandersetzung mit dem Totalitarismus*, 1998, Baden-Baden: Nomos Verlag; „Zum politischen Raum und seimen Heterotopien,“ in: *Aufklärung und Kritik*, 2018, 1, S.67-71. ほか。

新川　匠郎（にいかわ・しょお）

上智大学外国語学部特別研究員。専攻・ヨーロッパ比較政治研究。

主要著書・論文：「ドイツの州における大連立」『比較政治研究』（日本比較政治学会年報・2016 年、第 2 号、1-22 頁）、'Reconsidering coalition theory,' S. Wolf (ed.), *State Size Matters*. Springer Verlag, (co-Author・2016, pp. 33-58.)、「集合論から見える新しい地平とは？」『年報政治学』（2017 年、第 I 号、20－226 頁）ほか。

【編者】

河崎　健（かわさき・たけし）

上智大学大学院グローバルスタディーズ研究科教授。専攻・ドイツ政治、政党研究。

主要著書：『21 世紀のドイツ』（共著・2011 年、上智大学出版）、『新・西欧比較政治』（共著・2015 年、一藝社）、『ドイツの政党の政治エリート輩出機能』（2015 年、コンラート・アデナウアー財団）ほか。

日本とヨーロッパの選挙と政治
──主要国の選挙制度改革をめぐる議論と実際

2018年5月30日　第1版第1刷発行

編　者：河　崎　　　健

発行者：佐　久　間　　　勤

発　行：Sophia University Press
　　　　上　智　大　学　出　版
　　　　〒102-8554　東京都千代田区紀尾井町7-1
　　　　URL：http://www.sophia.ac.jp/

制作・発売　㈱ぎょうせい
〒136-8575　東京都江東区新木場1-18-11
TEL　03-6892-6666　FAX　03-6892-6925
フリーコール　0120-953-431
〈検印省略〉　　　URL：https://gyosei.jp

©Ed. Takeshi Kawasaki, 2018
Printed in Japan
印刷・製本　ぎょうせいデジタル㈱
ISBN978-4-324-10468-2
(5300276-00-000)
[略号：(上智) 日欧選挙政治]

Sophia University Press

　上智大学は、その基本理念の一つとして、
「本学は、その特色を活かして、キリスト教とその文化を
研究する機会を提供する。これと同時に、思想の多様性を
認め、各種の思想の学問的研究を奨励する」と謳っている。
　大学は、この学問的成果を学術書として発表する「独自
の場」を保有することが望まれる。どのような学問的成果
を世に発信しうるかは、その大学の学問的水準・評価と深
く関わりを持つ。
　上智大学は、(1) 高度な水準にある学術書、(2) キリス
ト教ヒューマニズムに関連する優れた作品、(3) 啓蒙的問
題提起の書、(4) 学問研究への導入となる特色ある教科書
等、個人の研究のみならず、共同の研究成果を刊行するこ
とによって、文化の創造に寄与し、大学の発展とその歴史
に貢献する。

Sophia University Press

One of the fundamental ideals of Sophia University is "to embody the university's special characteristics by offering opportunities to study Christianity and Christian culture. At the same time, recognizing the diversity of thought, the university encourages academic research on a wide variety of world views."

The Sophia Universitiy Press was established to provide an independent base for the publication of scholarly research. The publications of our press are a guide to the level of research at Sophia, and one of the factors in the public evaluation of our activities.

Sophia University Press publishes books that (1) meet high academic standards; (2) are related to our university's founding spirit of Christian humanism; (3) are on important issues of interest to a broad general public; and (4) textbooks and introductions to the various academic disciplines. We publish works by individual scholars as well as the results of collaborative research projects that contribute to general cultural development and the advancement of the university.

Politics and Elections in Japan and Europe

© Ed. Takeshi Kawasaki, 2018
published by
Sophia University Press

production & sales agency : GYOSEI Corporation, Tokyo
ISBN978-4-324-10468-2
order : https://gyosei.jp